# 子どもから学び子どもに返す

## ～NISEダイアリー～

宍戸 和成 著

# はじめに

私が、独立行政法人国立特別支援教育総合研究所（以下、特総研）に勤めるようになったのは、平成25年の4月からです。特総研の隣にある筑波大学附属久里浜特別支援学校から異動してきました。

特総研には、以前に、一度勤務したことがありましたが、まだ文部省の直轄の研究所であったころです。研究員として、4年間勤めましたが、今度は、理事長として組織をまとめる立場です。その責任の重さに身が震える思いでした。先ずは、1年間、研究所の仕組みや動き、それを支える職員を知ることが大事と考え、共に同年4月に赴任した新谷喜之理事と語り合いながら、あれこれ悩む日々が始まりました。

ところが、秋になると予想もしていない動きが生じました。政府の行政改革推進会議の下に「独立行政法人改革等に関する分科会」が開催され、特総研を含む4法人の統合話が持ち上がりました。私にとっては、寝耳に水の出来事。所管課である文部科学省特別支援教育課と相談の上、対応策を練ることになりました。特に、当時の大山真未特別支援教育課長や新谷理事とともに、議員会館を巡ったりしながら、特別支援教育の重要性、特総研の必要性などを説いて回ったことが思い出されます。結局、暮れに閣議決定された「独立行政法人改革等に関する基本的な方針」において、「上記4法人（国立特別支援教育総合研究所、国立青少年教育振興機構、国立女性教育会館、教員研修センターを指す。）については、それぞれ中期目標管理型の法人とする。」ということで、特総研は、独立行政法人として存続し、統廃合は免れることになりました。

こうした経験を基に、特総研をどのように運営し、特別支援教育や障害のある子ども達のために、一層、役に立つ機関として機能し存続していくことが、私の使命になりました。特総研の主たる業務である「研究活動」、「研修事業」、「情報収集・発信」、「インクルーシブ教育システムの推進」などを充実していくことは勿論のこと、私自身でできることは何かを考えました。

そこで、試しに始めてみたのが、メールマガジンへの投稿です。私自身の考えを職員に伝えたり、特総研に関心のある人たちにもっとこの教育について、興味を深めていただいたりするために書き始めたのが、「NISEダイアリー」です。特総研に着任してから、1年近く経った平成26年の3月号から始めました。当初、連載しようなどとは考えていませんでしたが、何かをしなければいけないという気持ちが、毎月、毎号のコラムとなりました。読者やメールマガジン担当者のお陰で、令和4年の3月号まで続けることができました。

折々の特別支援教育に関する思い、私の特殊教育の時代から特別支援教育の時代にかけて経験した事柄などを基に綴らせていただきました。

特別支援教育に携わる方々に、私の思いが伝わり、それぞれが自分のこととして、この教育や子ども達の未来を考えるきっかけにしていただければ望外の喜びです。

令和5年4月　宍戸 和成

# 目次

# 第1章

# 平成25・26年度

# 「私　水仙。ここに　います」

特総研のある横須賀市野比は、東京湾の一部である「金田湾」に面しています。左手の奥には、房総半島の鋸山が見渡せ、右手の三浦半島の先には、伊豆大島の三原山が望まれます。天気がよいときには、右手の中程、ちょうど三浦海岸のマンションなどの建物の奥に伊豆半島の天城山などが眺められ、季節によっては、そこに夕陽が沈む景色を望むこともできます。

そんな自然に恵まれた環境の中で、金田湾に面した海沿いの道の土手に、地元の人たちの世話で水仙が植えられています。その中に、白くて小さな看板が立てられており、そこに標記の言葉が記されています。

２月半ば、水仙が群生する中に、ぽつんと立っているので、見つけるのが大変ですが、小柄な水仙の花と同じように、ひっそりと何かを訴えています。

私は、聾学校の教員でしたので、「耳の不自由な子どもだったらどんなふうにこの言葉

を読み取るのかな？」と興味が湧いてきます。

擬人法で表現されている、短い文の内容の読解ということになりますが、花が咲いているときは、想像しやすいものの、球根を植えたばかりのときや、葉が少し伸び始めたときなどは、この立て看板の役割が重要になります。また、「ここ」という指示代名詞の解釈についても、子どもに考えさせたいものだと、いろいろと想像が膨らみます。

実は、私は久里浜特別支援学校にもいました。そこで、知的障害を併せた自閉症の子どもと関わりました。看板にある「『私』とは、誰のこと？」、「人でもないのに、『私』と言うの？」などのやり取りが、頭に浮かんできます。

そして、看板の主題である「ここに私がいるから、気を付けてね。」という植えた人の気持ちを想像させたいと思います。身近なものを用いて一緒に考えること、これは、障害の違いに関わらず、大切なことのように思えます。

（平成26年３月号）

# 久里浜帰り

平成26年3月14日に、平成25年度の第三期専門研修が閉講式を迎えた。発達障害教育、自閉症・情緒障害教育、言語障害教育の各コースを受講された計70人の研修員が、大きな荷物を抱えてそれぞれの地元へ帰って行った。2か月間、同じ釜の飯を食べた仲間ゆえ、別れるのが名残惜しそうな様子だった。そんな姿を見ていると、こちらも一抹の寂しさを感じるが、一方でそれぞれが、地元で精一杯活躍してほしいという期待感も高まる。

この閉講式を終えると、〝研究所の一年〟もようやく終わったという思いになる。感慨も一入だ。新年度に研修員を迎えるまで、特総研にもしばし静寂の時が訪れる。

特総研が設置されたのは昭和46年10月である。その後、短期研修が始まった。毎年200人ほどの研修員が、一つ屋根の下に宿泊して研修に励んでいたことになる。創立43周年になることを考慮すると、総勢8000人以上を数える。長期研修もあったし、二泊三日などでその折々の課題に対応した研修も行われてきた。これらの参加者も含めると、優に一万人以上にはなるだろう。

そして、こうした先生方が地元に戻り、特総研で得た知見や人脈を生かしながら、各地の特殊教育を発展させてきた。すばらしいことだと思う。特殊教育の礎はこうして築かれてきたし、これからの特別支援教育も同じようにして形づくられていくと思う。継続は力なりと言うが、まさにその通りだ。

さて、こうした研修員のことを地元では「久里浜帰り」と呼ぶという話を耳にしたことがある。研修を受けて身に付けたことを実際に指導や同僚との研修に生かすという意味で、ある種の尊敬や羨望を込めて、そう呼ぶ場合もある。しかし、一方では、得意気に話す姿を疎ましく思ったり、一方的な話し振りを揶揄する気持ちを込めたりして、そう呼ぶ場合もあったようだ。

今、地域でのネットワークづくりや専門性の向上が、特別支援教育の課題である。特総研の研修を終えた先生方には、コミュニケーションの基本でもある、相手に応じて伝えることや受け止めることを工夫しながら、久里浜での研修の成果を着実に地元に還元していってほしい。それが、本来の意味での「久里浜帰り」ではないかと思う。

（平成26年4月号）

## PDCAサイクル

学校現場において、「PDCAサイクル」という言葉が広く用いられるようになったのは、学校評価との関連からだと思う。平成18年3月に文部科学省において「義務教育諸学校における学校評価ガイドライン」が策定され、それを基にしてパンフレットが作成され、配布された。その中に、PDCAサイクルの説明が図示されている。Plan（目標設定）→Do（実行）→Check（評価）→Action（改善）の流れで、各学校が教育の改善に努め、結果として義務教育の質の保証とその向上を目指すこととなった。

学校評価が話題となった経緯や背景についてはここでは省略する。義務教育費国庫負担制度の見直しなどと相俟って、今日のような学校の姿に至る1つの大事な要因でもあることゆえ、調べてみると興味深いと思う。

さて、そんなことから頻繁にお目にかかるようになったPDCAサイクルだが、特別支援教育においても活用されることが多い。授業改善との関わりにおいて。

特別支援教育においては、平成21年の学習指導要領等の改訂で個別の教育支援計画と個別の指導計画については、特別支援学校で必ず作成することとされた。その作成においてもPDCAサイクルを活用することが学習指導要領解説において提案されている。

こうした流れを受けて、学校現場では実際にどうだろうか。聾学校で実際に授業に取り組んでいた者としては、その運用が気にかかる。つまり、PDCAサイクルを通して授業の質を向上させる、教育効果を上げることなど以前に、ある部分にばかり集中し過ぎて、全体としてこの取組の成果を上げていない場合もあるのではと思った。具体的には、Plan（実態把握と目標設定、計画立案）にエネルギーをかけ過ぎ、本来重視すべきDo、つまり、実際の授業時間における子どもとの関わりが疎かにされていないかという危惧である。聾学校では、授業場面におけるアドリブが大切だと、私は現場で教わった。授業は、いくら細かく指導案を考えても、予定通りに進むものではないと思う。しかし、あれやこれやと考えたり、細かく指導案を考えたりする経験をしておかないと、実際にアドリブを利かせることはできないことも経験した。そんな意味で、聾学校では、「P→D→C→A」が重要ではないかと、関係者には話してきた。

要は、メリハリが大切だと思う。P（実態把握と目標設定、計画立案）を行うのにエネルギーを使い果たしてしまい、Dを行う意欲が乏しかったら元も子もない。そして、C（評価）に力を注ぐ余り、Ａ（授業改善）が疎かになってしまったら、これも本末転倒であろう。ともかく、子どもに即して指導を考えるとしたら、例えば、「ｐＤｃＡサイクル」というようなメリハリを付けた取組があってもよいのではないだろうか。

（平成26年5月号）

# 温故知新

特総研においては、ゴールデンウィーク明けから、今年度の第一期特別支援教育専門研修が始まった。それで、ようやく新しい一年が動き出したというのが、率直な感想だ。

三期に分けて行われる専門研修は、それぞれ２か月間である。第一期は、視覚障害教育と聴覚障害教育コースであり、７月の初旬まで続く。専門研修では、最初に理事長講話というコマがあり、研修員全員に話をする機会がある。80分ほどの時間だが、話す内容については私に任されている。何を話そうかと、連休中に考えていたが、今年度は研究所がある横須賀市や久里浜について特殊教育（特別支援教育）の草創期の事柄について話してみたいと思った。

というのは、遠方から参加している研修員の方々が、土日などに久里浜近辺を散策して、気分転換をするのに役立てるとともに、研修が終わって学校に帰ったときに子ども達に伝える土産話をつくってほしいと思ったからである。

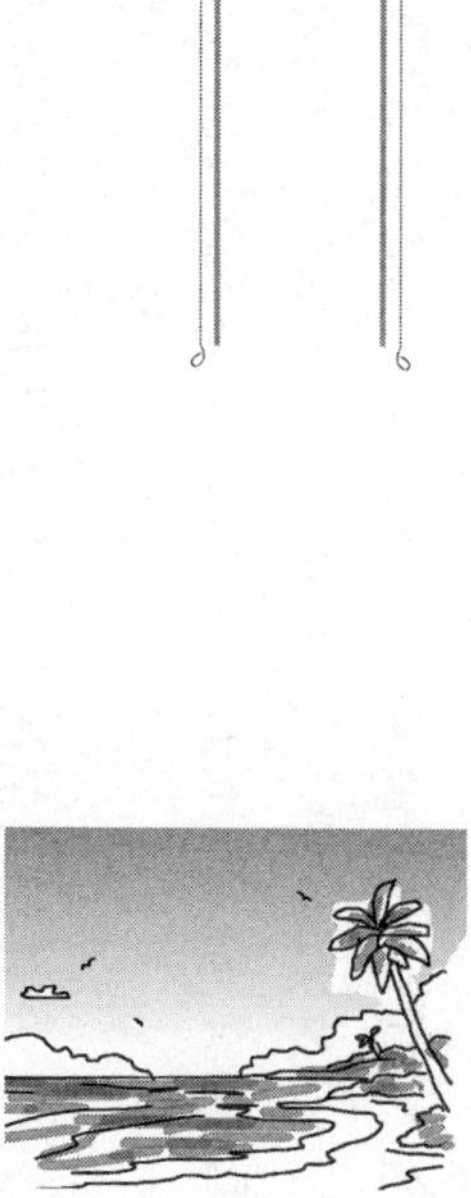

話すに当たっては、市内の図書館へ出かけ、本を探して読み、下調べをした。何も難しいことを伝えようとは思わない。例えば、小学生が話を聞いて興味をもつような題材がないかと考えた。市のホームページには、開国史クイズというものも用意されていて、身近な話題が取り上げられていた。

久里浜は幕末にペリーが来航し、開国を求めて上陸した場所でもある。また、浦賀には深い入り江を利用して横須賀製鉄所がつくられた。その後、浦賀ドックとして咸臨丸の修理もしたとのこと。さらに、日露戦争で活躍した戦艦「三笠」を記念艦として保存している三笠公園もある。

こうした歴史的なことに加え、現在では米軍や自衛隊の基地があり、どぶ板通りには、独特の雰囲気（スカジャンの店やミリタリーショップ、そして海軍カレーやネイビーバーガーなどについての宣伝がある。）が醸成されている。

京都や東京ほどではないが、横須賀や久里浜にも、幕末から明治へと時代が大きく動いたときに活躍した人たちの足跡が見つけられる。

我が国において、盲唖学校がつくられたのも、そんな時期である。特に、東京に訓盲院ができるきっかけとなったのは、長州出身の五人の若者たちが密かにイギリスへ渡航し、その中の一人、山尾庸三がグラスゴーの造船所で働く聴覚障害の工員と出会ったことがきっかけとも言われている。

また、「日本点字の父」と言われる石川倉次は、盲教育の世界だけでなく、聾唖学校の教員も務め、「唖生ノ希望」として、聴覚障害者の思いをまとめている。

このように、研修員に話をする機会だったが、私にとっては横須賀や久里浜の歴史を振り返りながら、我が国の特殊教育の嚆矢《こうし》について思い浮かべる機会となった。

今、我が国では、ここ数年の懸案事項であった「障害者の権利に関する条約」の批准を終え、特別支援教育の更なる推進に努めることが喫緊の課題である。「故きを温ねて新しきを知る」ではないが、研修に参加された先生方には、それぞれの教育に関する最新の知識や技術の習得に努力するとともに、一方では、この教育をつくるために情熱を傾けられた先人達の〝気概〟も身に付けて帰ってほしいと期待する。

今、必要なことは、そんなフロンティア精神ではないかと思う。

（平成26年6月号）

# 事業報告書

独立行政法人の各機関には、年度計画に基づいた事業報告書の作成と所管官庁への提出が求められている。6月30日は、平成25年度の特総研の事業報告書を文部科学省に提出する期限の日に当たる。平成26年度が4月に始まり、様々な事業が開始される中、一方では、この提出締切に向けて、担当部署は、事業報告書の作成に大忙しである。

これに関わっては、単につくればいいというものではない。特総研の研究活動に関わる所内での内部評価の実施、そして、運営委員会に設けられた外部評価部会での評価、さらに、運営委員会や役員会での審議を経るなど、幾つかの手続きが必要である。そのようなプロセスを経て、6月末日までに事業報告書が文部科学省に提出されることになる。独立行政法人という機関に課せられた大切な仕事である。

こうした業務運営等に関わる本研究所への〝評価〟活動は、これで終わりという訳ではない。文部科学省には、独法評価委員会が設けられ、その中の特総研部会で、さらに評価が行われる。また、総務省には、政策評価・独立行政法人評価委員会があり、そこで最終的な評価が下されることになる。結局、こうした一連の評価活動が終了するのは、年の暮れになろうか？

なぜ、こんなことを書いたのかというと、特総研を取り巻く、なかなか見えにくい、二重三重の仕組みについても、本研究所の職員に知ってほしいし、本研究所に関係のある人にも情報として伝えたいと思ったからである。

特総研は、そんな環境の中で、担っている役割を果たしていく必要がある。つまり、研究職員が自分の専門の障害分野に関わる研究をしたり、行政の当面する課題に対して、障害種を超えて協力して研究を行ったりすることの一つ一つが、本研究所の〝評価〟につながっているということだ。専門研修における講義や各県等に出かけての講演などもそうである。

なお、事務職員についても、例えば、会計処理や施設設備の管理等において、創意工夫が求められる。いずれも、評価のために熱心にやってほしいという訳ではないが、特総研での一つ一つの取組が結果として、事業報告書にまとめられ、評価の対象となることは確かだ。

そんなことを考えていると、何のために特総研はあるのか、それを考えることが重要になる。障害のある子どもの教育に寄与できるようにするには、どうすればいいか、それが、忘れてはならない大切なことなのかもしれない。

このメールマガジンが読者のもとに届くころには、平成25年度の事業報告書が文部科学省に届けられているであろう。私は、平成25年度に特総研に着任した。ゆえに報告書の内容、一つ一つが思い出される。それがどう評価されるか、まな板の上の鯉でしかないが、特総研を未来につないでいくためには、本研究所の職員一人一人が力を合わせて、結果として国民の役に立てるように、知恵を出して様々な活動を進めていくしかない。

そんなことを考えさせられる6月の終わりである。

（平成26年7月号）

# 言葉を砕く

先日、あるところで、研究授業を見せていただく機会があった。

その際、指導案を眺めていたら、「ビーチコーミング」という言葉に出くわした。私の語彙にはない言葉であったので、広辞苑で調べてみたがない。仕方なく、インターネットで調べてみた。すると、カラフルな写真とともに、その言葉の説明が載っていた。浜辺を櫛で梳《す》くように漂着物を拾い集めることから命名されたとあった。なるほどと合点がいった。

さて、先の小学部の授業では、海岸で拾ってきた貝やビーチグラスなどを選び、和紙に貼り付け、ランプを作るという図工の勉強であった。場所柄を考慮し、また、子ども自身が宿泊学習の折りに海岸で拾った物を用いるという意味で、おもしろい授業だと思った。

授業が進んでいく中で、ちょっと気になることがあった。それは、例のビーチコーミングという言葉である。まさか、子どもにはその言葉を使って説明はしないと思ったのだが、

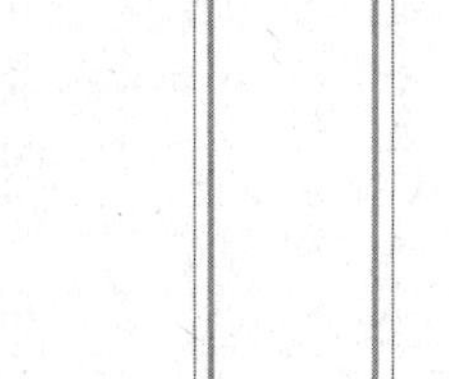
「できたね」
「さあ、行こうか」
「終わりだよ
片付けるよ」

何度か、先生がその言葉を用いて作業の流れを解説していた。5年生の子どもに分かるのだろうかということが心配になってきた。言葉であるから、使わないと身に付かない。しかも、意味はいずれ気が付くという考え方もある。しかし、子どもの実態によっては、必ずしもそのように展開するとは限らない。

私の語彙になかったように、もし子どもの語彙がそこまで至っていないとしたら、表現の仕方には配慮が必要であるような気がする。

何をそんな細かいことをと言われるかもしれないが、私は、聾学校の小学部で子どもに関わってきた。その経験から言えば、発問でも解説でも、先生が分かる言葉で話すのではなく、子どもが分かる言葉で話すよう、先輩から指導されてきた。それが、標記の「言葉を砕く」ということである。

子どもの言語力は様々である。特別支援学校であればいずこも同じであろう。そうすると、子どもの経験に即した言葉、子どもの興味・関心に応じた言語表現が必要になる。

ビーチコーミングという言葉を教える必要はない。あるいは使うのが誤りだという訳ではない。もし使うとすれば、それを砕いた表現や言葉も一緒に提示すべきだと思うのである。新しい言葉は、使わなければ身に付かない。だから使う。しかし、それを使うだけで意味が通じたり、理解されたりするという訳ではない。その言葉の意味をイメージさせるためには、その子どもの経験に下ろした言語表現を用いなければいけない。だから、「目の前の砂浜で拾った貝」あるいは、「海辺で見つけたガラス（瓶のかけら）」などの表現も使わないといけないと思う。

言葉を砕くためには、教師は目の前の子どものことをよく知らないといけない。だから、子どもを知っているかどうかの指標としても考えられる。

昔、養護学校で、先生の発言に違和感を覚えたことがある。

「完成！」、「出発進行！」、「終了。」などの熟語が頻繁に聞こえてくるのである。小学部低学年の子どもにその表現だけでいいのだろうかと、内心、疑問に思っていた。「できたね。」、「さあ、行こうか。」、「終わりだよ（片付けるよ）。」などの砕いた言葉と併用する必要はないのかと。

言葉は場や相手に応じて使える（発声する）こととともに、その意味も知らないといけない。そのためには、言葉を砕いて示すことも大切ではないか。

コミュニケーションにおいて言葉を砕くことは、聾学校だけでなく、いろいろな子どもの実態に即して、今、求められていることではないかと思う。

（平成26年8月号）

# 夏休み

毎年、7月の20日過ぎから、8月の終わりまで、子ども達にとっては待望の夏休みである。学校現場にいるころは、「子ども達は、今ごろ、何をしているのだろう」と気になりつつも、目先のことに追われていた。じっくり仕事をしたり、考えごとをしたりできるという意味で、夏休みの期間は、教師にとっても大切なひとときであった。

特総研の夏休みはどうか?学校の先生方に少し余裕ができ、参加しやすいということから、7月の夏休み入り早々から、8月の初めにかけて、特総研主催の三つの研究協議会が開かれた。今年も熱心に協議が行われた。今年の夏は、とりわけ久里浜も暑かったが、学校現場の先生方の熱気はそれ以上のものだった。特総研の職員にも、よい刺激になったと思う。その後は、研究班の研究協議会が幾つか開かれた。こちらには、自主的に参加された先生方の姿もあり、共通の話題を通した「研究所と学校現場とのつながり」をつくっていくことの大切さを改めて認識する機会となった。

旧盆の時期を外しながら、各県等では特別支援学校免許状の認定講習会等が開催されている。依頼されて、それに出席している研究職員も多い。特総研の一員として、依頼されることの期待と責任、つまり講義等の具体的な対応が学校現場の個々のニーズに応えられているかどうかの反芻は、話をする者としては常に意識しておく必要がある。学校現場の課題を肌で感じて研究所に戻り、特総研での活動に生かしてほしいと思う。

特総研の職員の出欠については、出勤が白札。お休みや出張が赤札で表示することになっている。学校が夏休みの期間中は、研究職員も思い思いにスケジュール管理を行い、自分の仕事を進めている。ある意味、この期間は、それぞれにとって大切な時間でもあろう。なぜなら、目先のことに追われずに、じっくり自分の研究を振り返ったり、充電したりする意味で。

それに関わって、気を付けたいと思うことがある。それは、自分の時間を有効に活用できるよう、予定を立てたり、調整したり、変更したりすることである。隣の学校（※）にいたときに、「スケジュール」と称して一日の流れを自覚したり、一週間の流れを自分なりに受け止めたりすることの意味を勉強した。それは、自閉症の子どもに限ったことではないと思った。大人の我々にも大切なことである。予定が変更になった場合の対応策を素早く考えられることなどにもつながる。何しろ、予定通りいかないことの方が、現実は多いと思うから。

こうした自己管理は、スケジュールの調整だけではない。精神面での自己管理、つまり、気分転換のできる方法を自分なりに見つけることも大切な気がする。人に言われたことをやるだけでは、創造性は発揮できない。人の気持ちや物事の先々の展開を想像しながら、どうすればいいかを自ら考えることで創造性を培い、発揮することができるのではないかと思う。

お盆明け、特総研の職員の出欠を表す白札も徐々に増えていくだろう。北国の小学校等では、既に二学期が始まっているところもあろう。8月の最終週になれば、私の郷里の小学校等も二学期が始まる。

そして、9月になれば、研究所では第二期の特別支援教員専門研修が始まる。また、目先のことに追われる日々が訪れる。しかし、夏休みに培った自己管理能力で、時にはリラックスしたり、時には集中したりしながら、個々の特総研の職員が特別支援教育を創造していくという志をもって、日々の仕事に取り組んでいってほしい。

9月を前にして、こんなことを思っている。

(平成26年9月号)

※筑波大学附属久里浜特別支援学校（知的障害を伴う自閉症のある子どもに対し、幼稚部及び小学部を設置して教育を行う学校）

# 一通のメール

　8月の終わりに、一通のメールが届いた。相手は内閣府で障害者施策を担当している方からだ。何だろうと思い、早速読んでみた。

はじめに、「心の輪を広げる体験作文」や「障害者週間のポスター」への協力のお礼が書いてあった。でも、用件はそれではない。当時、終わったばかりの高校野球のことだった。今年の夏の甲子園。決勝では、大阪桐蔭高校と三重高校が戦い、大阪桐蔭が勝って日本一になった。その大阪桐蔭の主将、中村誠選手が、「平成23年度心の輪を広げる体験作文」の中学生部門で、最優秀賞（内閣総理大臣賞）を受賞していたという知らせであった。

甲子園大会で、大阪桐蔭が勝つたびに、彼はインタビューを受けていた。そのシーンが頭に浮かんだ。また、どの試合だったか忘れたが、勝ち越しの一打でヒーローインタビューを受けている場面もあった。主将として、よくチームをまとめていたという監督のお褒めの言葉も新聞で見かけた。

野球は勿論うまいのだろうが、私が興味をもったのは、彼が中学生のころにどんな作文を書いていたのかということだ。心の輪を広げる体験作文であるから、何か障害に関わる話題が取り上げられていたのだろうと推測できる。今から3年前、彼が中3のころのことだ。早速、平成23年度入賞作品集を取り出し、読んでみた。（なお、作文は、内閣府のホームページにも掲載されているとのこと）

彼は、福岡県の出身であった。「僕には、絶対叶えなければならない夢があります。」と書き出し、「僕には体に障害を持った友達がいます。」と続いていた。体の右半分がマヒしていること、嚥下《えんげ》障害もあるので、刻んだものにとろみを付けて食べさせてもらうこと、胃ろうからチューブを通して水を入れてもらうこと、さらには、声が出ないので自分の意志を伝えることができないことなど、友達の様子が細かく書いてあった。その友達とは、小学5年生のときに野球の試合で初めて出会い、そのときは残念ながら負けてしまったらしい。その悔しさをバネに一生懸命練習したとのこと。中学生になって、その友達のいるチームとまた対戦することになったが、その友達の姿はなかった。病気で先のような状態になってしまっていた。

作文の題名は、「友から学んだこと」。体の不自由な友達を見て、最初は「かわいそう」と思っていたそうだ。だが、そんなふうに思う自分を見つめ直し、もし自分が同じ立場だったら、人から「かわいそう」とは思われたくないと考えたとのこと。友達の見舞いに行った折り、その車椅子を押して出かけることがあったらしい。そんなとき、よく他人の視線を感じたようだ。自分と違う人を見ると違和感をもつ人が多いが、自分と人は違っていて当たり前。そんな他人を認めることが、差別のない社会をつくるためには最も大切なことだと思うと述べている。

そして、最後は「友達のためにも、僕は野球を一生懸命頑張りプロ野球選手になり活躍します。」と結んでいる。

今年の夏の甲子園での彼の活躍をその友達はどのように受け止めていたのだろう。テレビやラジオを通して一喜一憂していたかもしれない。自分のことのように思いながら。人が努力する背景には、いろいろな要因があるということ、そして、目標に向かって努力することの尊さを改めて思った。

秋にはドラフトが待っている。中村君の夢が叶うかもしれない。でも、その先も大変だ。いつかテレビで頻繁にその姿を見られるようになるかもしれない。そのときが楽しみだ。

（平成26年10月号）

# 立場の理解

聾学校にいたころ、よく次のような言葉を耳にした。

「聴覚に障害のある子どもに、『立場の理解』を促すことは、なかなか容易なことではないよ。」と。確かに、学校現場ではいろいろなことを経験した。

「A君がぼくを叩いた。」と、B君が訴えてくる。そこで、A君に尋ねてみる。「B君を叩いたの？」、「B君が『叩かれた』と言っているよ。」どうもぴんとこないようなので、黒板に絵を描いて考えさせる。最後には、「(呼ぶために) 肩に触った。」という答えも。能動・受動の区別から別の話題に。

それから、廊下に紙くずが落ちていたので、一緒にいたC君に「拾って捨てて。」とお願いしたら、「ぼくが落としたのではありません。」という返事が。確かにそうかもしれないが、上級生として、拾って捨ててあげるという行動を期待したのに、現実的な答え。

生活の中で、相手の立場を理解する機会はたくさんあるが、聞こえにくいとそれを考える機会として生かせないことから、相手の気持ちを推測することが難しくなるのだろうか。

そんな子ども達に、小4で出てくる「ごんぎつね」をどんなふうに扱えばいいのだろう。ごんの立場になって気持ちを考えることや兵十《ひょうじゅう》の身になって気持ちを想像することが、読み取りの主題になる。一筋縄ではいかない教材だ。

聾学校での経験をもとに、立場の理解を考えたが、久里浜特別支援学校でも、また違う言葉としてそれを考える機会があった。「心の理論」である。自閉症の子どもの特性を理解する際によく耳にする言葉である。正確に言えば、異なることなのかもしれないが、私には、立場の理解と同じように思えた。

ある場面の中の登場人物の行動を時間の経過とともに理解し、対象となる物がどこにあるかを類推する課題として取り上げられていた。人の心の中を理解するためには、登場人物の行動とともに、それを見ていない人がどう思うかなどを類推することが必要になるという。聾学校の経験とは異なる視点からのアプローチだが、人の心の有り様を類推するという意味では似ている。

結局、聴覚障害の子どもにおいても、自閉症の子どもにおいても、第三者の心の内を理解することは、容易なことではないようだ。

こんなふうに考えてくると、立場（相手の気持ち）の理解は、子どもだけの課題ではないように思える。現代の忙しい大人達にも、相手の立場で考えるという余裕や思いやりが求められそうだと。でも、大人の場合は、相手の立場になって考える習性を、自ら身に付けようと努力すれば、課題解決に近づけそうだ。こうしたことは、特総研の職員にも関わりがある。あちらこちらで話をしたり、相談に乗ったりする機会が多い。そんなときに大切なことは何か？相手の立場になって考えることである。「このような説明で、聞き手は分かってくれるだろうか？」、「こんなことを言ったら、相手はどう思うだろうか？」こうした当たり前のことを、いつも肝に銘じて、我が身（言葉）を振り返りたい。

立場の理解は、子どもだけの課題ではない。大人にとっても重要なことだ。子どもに言う前に、自らを振り返りたいものだと思う。

（平成26年11月号）

## 研究所記念碑の設置

特総研に、モニュメントが設置された。

その場所は、表玄関を入ったエントランスホールの奥まったところ。そこには、中庭があり、煉瓦造りの建物の手前のスペースである。

除幕式は、11月8日の土曜日。研究所公開の当日であった。今年の研究所公開には、300名を数える参加者を得た。その一部が、除幕式に花を添えてくださった。

この記念碑は、財団法人青鳥会のご寄付による原資を元に制作された。

青鳥会は、ヘレン・ケラー賞などを設け、障害児教育の関係者を顕彰してきた。ところが、団体としてのそうした活動に幕を降ろすことになり、残余財産を特総研に寄贈してくださることになった。青鳥会のこれまでの活動を受け止めつつ、特総研としてのメモリアルになるよう、何か形になる物として遺したいと考え、そのテーマを本研究所の職員に公募することとした。

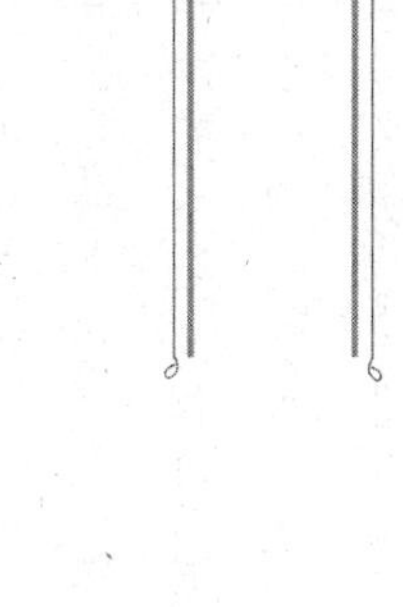

その結果、決まったのが「子どもとともに」というテーマである。

これは、本研究所の初代所長であった故・辻村泰男先生の著書から引用している。辻村先生は、昭和46年に本研究所が設置された折、昭和54年度からの養護学校義務制施行を控え、重度・重複障害の子ども達の指導内容・方法の開発を願いつつ、こうした子ども達の教育の充実を希求していた。それは、モニュメントに添えられた、「これだけはこれからも、そしていつまでも戒めて欲しいと思うことは、教育に関する議論は、子ども不在の水準で行われてはならないということである。」（『障害児教育の新動向』辻村泰男）という、この教育に携わる者への戒め文からも類推できる。

また、今年の1月には、我が国において長年の懸案であった「障害者の権利に関する条約」が批准された。これまで、この条約の内容と国内法との整合性を図り、国内法の整備が終わった段階でようやく批准される運びとなったのである。

こうした経緯は、明治11年に京都盲啞院が開業してから140年ほどに及ぶ関係者のご苦労の賜でもあると言える。様々な紆余曲折を経て、戦後の特殊教育へとつながり、平成19年度から制度として施行された「特別支援教育」への移行に結び付く。そして、特別支援教育は、今後、一層の充実・発展を遂げながら、障害者の権利に関する条約の求める共生社会の実現とインクルーシブ教育システムの構築を目指すことになる。

こうした思いを、モニュメントの解説では、「過去、現在、未来」という言葉を用いて象徴している。ドイツ人哲学者オットー・ボルノーの言葉である、

「過去には、感謝を」
「現在には、信頼を」
「未来には、希望を」

を引用して。

第二期特別支援教育専門研修が11月7日に修了した。79名の研修生にも、一日早くお披露目した。思い思いに記念写真を撮り、郷里へと帰って行かれた。特別支援教育は、こうした学校現場の先生方の日々の実践と指導内容・方法の創意工夫で形づくられていくと思う。

本研究所が、このモニュメントに表された様々な思いを引き継いで、今後の特別支援教育の発展に幾分なりとも役割を果たしていけるよう、職員一同協力して、精進していきたいと思う。

（平成26年12月号）

# 想像なくして、創造なし

標記のような言葉がある。いろいろな機会に耳にしたり、目にしたりすることがあろう。私は、筑波大学附属久里浜特別支援学校に勤めていたときに見つけた。筑波大学が開学40周年を迎え、ブランドスローガンとして、〝IMAGINE THE FUTURE.〟を掲げた。それを説明する団扇が配られ、そこに記載してあった。(「想像できなければ、創造できない。」と。)

聾学校で考えると、「想像」と「創造」は、同音異義語(「音=そ、う、ぞ、う」は同じだが、「意味」が異なる言葉)に当たる。そんなことからも、この表現に惹かれたのかもしれない。同音異義語については、文脈の中でその意味を考えなければいけない。耳から言葉が入りにくい聴覚障害のある子どもにとっては、なかなか困難なことだ。

聴覚障害がある場合、言葉を身に付けることだけが課題ではない。実は、相手の気持ちを考える(想像する)ことも、なかなか容易なことではない。「顔で笑って、心で泣いて」などという表現の理解を図ることは簡単ではない。相手の表情を見て、「笑っているから嬉しいのだ。」などと単純に考えてしまいがちである。苦笑いもあれば照れ笑いもある。場面や経緯、背景を考慮して、笑いの中身を想像しなければいけない。

つまり、場の状況や事の順序、人間関係などを含めて、気持ちを想像することが必要になる。このことは、聴覚障害のある子どもばかりに当てはまることではない。自閉症のある子どもにも当てはまる。自閉症のある子どもの場合は、いろいろな表情を図示した絵をもとに、そのような顔をした場合の気持ちを考えさせていた。聴覚障害と自閉症、障害は異なるが、気持ちを想像するという課題は共通していた。おもしろいものだと思った。

こうしたことは、子どもだけの問題だろうか。そうとも言えない。関わる私達の課題でもある。なぜなら、子どもの気持ちが想像できなければ、次の関わりに進むことができない。たとえ、関わったとしても、的外れでは子どもの指導にならないだろう。

つまり、指導を考えるということは、まず、個（子ども）を知ることから始める必要がある。しかも、「個」の状態は、一人一人異なるものである。個別の指導計画が取り上げられるようになったのは、そのためであろう。

一人一人の実態に即した指導内容・方法を工夫することとは、まさに、個に応じた指導を創造することに相違ない。

そんな意味で、私は「想像なくして、創造なし」という言葉に惹かれたのだ。障害のある子どもの教育は、概してこのようなものなのではないか。決まった教科書がある訳ではない。子どもに即して、指導内容・方法を組み立てていかねばならない。これまでもそうしてきたし、これからもそうだろう。

子どもの思いを想像し、それを受けて指導内容・方法を創造する。そして子どもに関わり、その小さな変化に感動したり、発憤したりする気持ちがこの教育の原動力のような気がする。

障害者の権利に関する条約の批准に伴い、障害者基本法の見直しも行われた。その中にある「障害者が、…十分な教育が受けられるように」という言葉を考えるときの基本的な姿勢、それは、「想像なくして、創造なし」であるように思う。

（平成27年1月号）

# 厳しいことは言わないようにしましょう

これは、あるとき、授業研（※）が始まる前に担当者が発言した言葉である。当時の私にとっては、寝耳に水。始めは、何のことか理解できなかった。落ち着いて振り返る中で、その言葉の意図や昨今の授業研に臨む先生方の姿勢を考えることができるようになった。

何より驚いたことは、自分が学校現場で鍛えられていたころと時代が変わってきているということか。それは、授業に取り組む姿勢や価値観そのものの変化も映し出しているのかもしれない。

私がまだ若かったころは、歯に衣着せぬ意見や指摘が飛び交う世界で授業の在り方を教わった。それがあって初めて子どもの見方や考え方、それに応じた授業の進め方、教材・教具の意味などを考える機会となった。率直に指摘し、後は自分でそれを血や肉にしなさいという雰囲気だった。

悪いところは指摘しないなどという考え方は存在しなかった。勿論、いいところも指摘していたが、絶対的に少なかったのは確かである。

時が経ち、前述のような指摘がまかり通るような時代になったということは、事実のようだ。

それでは、授業研などをどう考えればいいのだろうかということが、折々に、自分の頭に浮かんでは消え、また浮かんだりしている。

単純に昔に返れとは言えない。昔のやり方を取り入れたとしても、今の先生方には受け入れてもらえないだろう。それでは元も子もない。授業改善や授業づくりが話題となっている今日、いかにして先生方の指導力を高めるかが焦眉の急の課題だから。

悪いところよりもいいところを指摘しようという考え方にも一理ある。欠点ばかりを指摘されたら、誰でも意欲を削がれてしまうことは自明の理。それでは、いいところだけを指摘すれば、改善すべきところにも気が付き、自分で修正できるのだろうか。否、そうもいかないと思う。言われて初めて気が付くということもあるはずだから。

そして、こんなことも考える必要がある。改善してほしいことを指摘するのは、何のためかということ。決して、その先生個人を責めている訳ではないと思う。確かに、昔は厳しい言葉でぐうの音も出ないほど言われたことがある。「いじめじゃないか？」と思うほど。「そこから、自分で這い上がってくるのが若者だ」みたいな根性論があったのも事実だ。

しかし、今の時代は通用しない。そんな経験を学生のころから体験している訳ではないので。

先輩が厳しい言葉で意見したのはなぜか、と思い返してみると、それは、子どもに対する指導力を高めるためという意図もあったような気がする。改善してほしいことを直言するのは、その先生だけを見ているのではなく、その先生が指導している子どもをも見ていたような気がする。子どものためであれば、言われた先生も発憤できたのではないだろうか。

今、必要なことは、この「子どものために」という視点や自覚ではないかと思う。授業研では、いい点を褒めてあげることは勿論のこと、改善してほしい点を率直に指摘し、言われた先生がよりよい授業を目指して努力して、子どものもっている可能性を最大限に伸ばすという視点をもてば、「先輩などの厳しい言葉」を生かすこともできるのではないか。

されど、いつも、率直に厳しい言葉を投げかければいいという訳ではない。相手の心情に配慮することも必要であろうし、状況にもよる。そんなふうに考えてくると、先の「厳しいことは言わないようにしましょう」という表現は言葉足らずで、「厳しい言い方をするのは控えましょう」が適切な表現ではないかと思う。伝えるべきことは伝えたい。表現を工夫しながら。

※授業研：授業研究のこと。一般に研究授業の参観と事後の研究会を通じて、具体的な授業内容や指導方法等を教師が学び合う研修の形式。なお、授業づくりに関する日々の研究を総じて指す場合もある。

（平成27年2月号）

# 無知の知

ある時、新聞を読んでいて、ふと、頭に浮かんだのが標記の言葉である。

意味を確認するため、インターネットで検索してみた。すると、ソクラテスの言葉であること、「自分が知らなかったということを、改めて知ること」などと解説されていたが、私が興味をもったのは、『「わかりやすさ」は『無知の知』から」というタイトルだ。

誰が書いたのだろうと思って読み始める。

今、マスコミで引っ張りだこの池上彰さんの文章であった。

彼が、ＮＨＫで「週間こどもニュース」を担当していたときのエピソードが述べてあった。談合事件摘発のニュースを取り上げ、「談合」を子どもに分かるように説明しようとして、「話合い」と表現していたそうだ。すると、出演していた子どもから、「話合いをして、何が悪いの？」と訊ねられたとのこと。

子ども達は、学校で「話合いの大切さ」を教わっていた。だから、話合いで問題が解決

すれば、それでいいじゃないかと思っていたようだ。

この出来事をもとに、池上さんは、自分の「ニュース解説」を振り返ったそうである。そして、「ああ、自分はいかにモノを知らなかったのか。」と大いに反省し、視聴者の立場になって「解説」を考えるようになったそうだ。

この話を読みながら、実は、私達も同じ誤りを繰り返していないかと考えるようになった。

授業で子どもに説明するとき、あるいは保護者に子どものことや授業内容を伝えるとき、そして、昨今では特別支援教育について、例えば、小・中学校の先生方に解説をするときなどである。相手の立場や思いを十分斟酌して、伝えているかどうかということ。

相手が分かるように伝えることは、そうそう容易なものではないようだ。相手の気持ちや考えをどこまで知っているのか、ときには知らないのではないかということを自覚した上で、話すことを工夫した方がよいかもしれない。つまり、我が身の「無知の知」を自覚することが大切だということを教えてくれているような気がする。

子どもの思いをあれやこれやと想像して、子どもの様子をうかがったり、話しかけたりすること、これは、子どもへの関わりの基礎・基本かもしれない。そんな基礎・基本に立ち返ることの大切さを「『わかりやすさ』は、『無知の知』から」は、教えてくれていると考えたい。

昔、子どもに、「分からない。」と言えるようにすることは、思いの外、難しいことだと教わったことがある。そんなことも思い出させてくれた「無知の知」であった。

（平成27年3月号）

# 第2章

# 平成27年度

## 終わりと始まり

このNISEダイアリーを書いている今は、3月の中ごろである。平成26年度の終わりだ。そして、別れの季節でもある。

3月13日に、平成26年度第三期特別支援教育専門研修の研修員102名を見送った。閉講式での顔付きは、2か月前のそれとは段違い。明るさとともに指導者としての真剣みが滲み出ていた。研修員代表の挨拶にあった、「早く地元に帰り、受け持っている子ども達に会いたい。」という言葉に、先生方のこれからの実践を期待したい。そして、18日には3名の派遣研究員を送り出した。こちらは、一年間、特総研の研究活動に参画していただき、それぞれが持ってきた研究課題に対する結論を見いだした。一人一人が地元に戻り、活躍してくれるのを期待する。

また、以前、文部省で仕事をしていたころにお世話になった上司を囲む会にも参加した。この3月で退職とのこと。座右の銘が、「簡潔明瞭」と「論より証拠」。仕事を通して、こ

れらの言葉の意義に気付いたとのこと。私自身もその教えを受け、これらの言葉を自分の仕事に照らし合わせて、その意味を考えるようになった。言葉とはそんなもの。時間や空間を越えて、今、考えている人の思考や行動に影響を与えてくれる。

特総研や久里浜特別支援学校でお世話になった職員や教員も異動する。3月は、やはり別れの季節である。残る者は、どうやってその組織を維持するか、活性化を図るか、また気持ちを新たに考え、行動し始めなければいけない。人は替わらない方が組織を維持しやすいだろうが、「替わらないと発展もしない。だから、異動も大切だ。」という同僚の率直なアドバイスに納得もする。

このNISEダイアリーが読者の元に届くのは、4月1日。平成27年度の始まりである。それと同時に新しい〝出会い〟の季節だ。

学校であれば、入学式や始業式で季節を感じる。特総研であれば、さしずめ大幅な異動がある4月の辞令交付式であろうか。本研究所も新しい人を迎え、また仕事を始めることになろう。

特総研も平成13年に独立行政法人化し、5年ごとの中期目標、中期計画に基づく業務運営も、平成27年度で第三期を終了する。ということは、新年度は第三期の総括と、平成28年度からの第四期の準備をしなければならない年になる。本研究所のこれまでを振り返りつつ、新たな未来を創造したいものだ。それは、特別支援教育の充実・発展に寄与するものでありたい。そして、障害のある子どもの自立と社会参加に少しでも貢献したい。

特総研は、そんな組織でありたいと思う。

（平成27年4月号）

# 分かるように伝えること

平成27年度が始まった。特総研の年度当初の催しは何か。それは、文部科学省の新規採用職員等の研修を引き受けることである。4月13日、あいにくの雨模様であったが、71名の新規採用職員が本研究所を訪れた。

午前中は、主に、隣の筑波大学附属久里浜特別支援学校の授業を参観し、その後、特総研の講堂で本研究所の概要等の説明を聞いた。午後からはグループに分かれて、「iライブラリー」等に展示してある教材・教具を見学した。

講堂で挨拶をする際、何を伝えようかと考えていた。これから、文部科学省で仕事をしていく人たちである。特別支援教育について何か印象に残ること、記憶に残ることは何かを思案していた。

以前は、国立久里浜養護学校（現、筑波大学附属久里浜特別支援学校）の重度・重複障害のある子ども達が印象に残ったようである。以前、研修を受けた方から、そんな話を耳にする機会が多かった。日本では、重度・重複障害のある子ども達も含めて障害のある子ども一人一人の実態に応じて教育を受けているということ、これは、日本の教育に関わる仕事をしていく人達に知っておいてほしいことである。

隣の久里浜特別支援学校も、平成16年度から知的障害を併せ有する自閉症の子どもを対象とする学校に移行した。対象が変わっても、こうした子ども達に対する教育を実際に参観できるという意味では、貴重な機会であろう。

私が、伝えようと思ったことは、平成24年12月に報告された「通常の学級に在籍する発達障害の可能性のある特別な教育的支援を必要とする児童生徒に関する調査結果について」である。

特別支援教育を考えるとき、特別支援学校や特別支援学級等における教育をイメージするのが一般的であろう。しかし、平成19年の4月に特別支援教育制度が施行され、今や、小・中学校等の通常の学級にも特別な支援の必要な子どもが在籍する。その数は、約6・5%であるというのが、先の調査結果である。ただし、この割合は医師の診断を受けたものではないことに留意する必要がある。あくまでも、学校現場の先生がチェックリストに答えて出てきた数字である。発達障害の可能性のある子どもは、40人学級であれば、2名ほどいるかもしれないという報告である。

このように考えれば、特別支援教育は、小学校や中学校等でも考える必要のある事柄である。小学校や中学校の先生はもちろんのこと、そうした分野を所管する文部科学省の行政官にも関わりのあることである。

特別支援教育の対象が、従来の障害に加え、発達障害（特に、学習障害や注意欠陥多動性障害等）も加わったことから、これまで障害児の教育に関わりのなかった人にも、特別支援教育を知っていただくことが必要になった。

まずは、文部科学省の新規採用職員の方々に、そんなことを知ってほしいと思った。

これからは、相手に分かるように伝えること、説明することが必要になる。いろいろな機会に「分かるように伝えること」とはどういうことか、各自が考えていきたいものだ。

（平成27年5月号）

## 「子どもが教えてくれる」ということ

先日、ある先生から手記が届いた。そこには、担当している重複障害のある生徒の指導に関する記録が綴られていた。

その高等部の生徒は、登校時などにスクールバスや保護者の車からなかなか降りようとしないとのこと。お気に入りの絵本のくだりを話して聞かせたり、実際に絵本を持参して見せたりしながら、降りようとする気持ちを喚起したらしい。一度は、うまくいったようだが、その手は次回には効き目がなかったとのこと。その日は、ＰＴＡ総会当日。送って来たお母さんの車からなかなか降りようとしない。その先生は、一生懸命、生徒の気持ちを想像し、これまでの指導の経過を振り返った。

そこで、中学部のときに効果のあった方法を試すことに。生徒の横の席に座って降りるよう話しかける。それでも降りてくれない。そんな様子を見ていた中学部のときの担任が、以前やっていたことを実際にやってみる。ところがうまくいかない。

さらには、以前、うまくいったというので、母親が生徒の乗った車を運転して高等部の玄関まで移動する。しかし、それでも降りようとしない。通りがかりの高等部の生徒たちにも声をかけてもらうが、動いてくれない。

そんなことを繰り返しているうちに、2時間近くが経過することに。

その先生は、お手上げというところか。でも、諦めない。何とかして、降りようとしない生徒の心の内を知りたいと、あれやこれやと思案を巡らす。

ふと、お母さんがその生徒に「今日は仕事がお休みだよ。」と言ったことを思い出す。そして、「お母さんが『お休み』と言ったので、その生徒は『今日はお母さんと一緒にいられる』と思ったのではないか？」と想像する。

それで、お母さんに頼んで、「仕事に出かけるよ！」と言ってもらった。すると、頑として動こうとしなかった生徒が、急におしりを上げ、車から「どん」と降りたという。

おもしろいと思いながら、何度も読ませてもらった。そして、私が思ったことが、「子どもが教えてくれる」ということ。私も、昔、学校現場で経験したことだ。授業の展開に行き詰まったとき、子どもからの一言で先が開けたことを。

子どもは様々な信号を送ってくれる。言葉でうまく表現できない子どもでも、視線やしぐさ、ときには目に見えないもの（雰囲気や文脈など）で。そんな信号を的確にキャッチできるようになるためには、子どもとの日ごろの密な関わりが大切である。そんな関わりがあったからこそ、その先生は思い付いたのではないか。これが、「子どもが教えてくれる」ということかもしれないと思う。

（平成27年6月号）

# メルマガ第100号に寄せて

本メールマガジンも第100号を迎えることとなりました。

第1号はいつかと思い、振り返ってみました。すると、平成19年の4月に発行されていました。ちょうど、「特別支援教育」が制度として施行されたときになります。当時作成されたメールマガジン刊行要項によれば、「…特別支援教育に関する最新の動向等を迅速かつ積極的に提供することを目的とする。」とされています。特別支援教育が始まり、それに関する様々な情報等をできるだけ分かりやすく読者に知らせることを目的として発行されました。

それから、8年余をかけて、平成27年の7月号が「第100号」ということになります。この間、8000名を越える読者の皆様、折々に記事をお寄せくださいました研修員等の方々、そして、毎月、メールマガジンの編集発行に取り組まれた関係者に心から感謝申し上げます。

この「100」という数字を見たときに私の頭に浮かんだのは、「特殊教育百年史」という文部省刊行の書籍です。昭和54年に発行されています。編集後記のページには、編集に関わった方々の名前が記載されています。当時の本研究所の職員の懐かしい名前も見受けられます。また、昭和54年には、養護学校教育の義務制も施行されています。さらに、当時の盲・聾・養護学校の学習指導要領が改訂された年でもあります。

100という数字から、特別支援教育に至る特殊教育の始まりに思いを馳せました。「100年」あるいは、「100号」。いずれも、一つずつの積み上げで達成することのできるメルクマールです。各自が、それぞれの関心事の「故きを温ねて新しきを知る」、貴重な機会にしたいものです。

特総研ができたのが、昭和46年。その後、前述した養護学校教育の義務制や学習指導要領の改訂等、特殊教育の確立に向けて、当時の研究所の職員は尽力しました。そうした伝統は、特別支援教育の充実に向けて、努力している現在の職員にも脈々と受け継がれています。今回の第100号はそんなことも象徴しているような気がします。

我が国は、障害者の権利条約の批准を終え、今後一層特別支援教育の確立に向けて、関係者が一丸となって歩む必要があります。本研究所も職員一同気持ちを新たに努力する所存です。本メールマガジンを通して、特別支援教育の推進に役立つよう努めて参ります。

今後とも、ご協力をお願いいたします。

第１００回記念号につき、「理事長からの挨拶」を掲載した。

（平成27年7月号挨拶文）

## 「チーム学校」づくり

7月8日、第一期特別支援教育専門研修の閉講式が行われた。75名の研修員を無事送り出し、特総研にも、しばし静かなひとときが訪れた。

梅雨の晴れ間に子どもの歓声が聞こえた。隣の学校の子ども達の声だ。久し振りに子どもの様子が見たくなり、授業参観に出かけた。賑やかな声は、幼稚部の方から聞こえてくる。行ってみると、広場に簡易プールを設え、幼稚部全員で水遊びの最中だった。水に浸かったり、ホースやじょうろで水をかけたりと、子ども達が思い思いに先生と一緒に楽しんでいる。

すると、いつもと違う先生の姿が目に入った。寄宿舎指導員の先生が、子どもと一緒に水遊びに興じているのである。お手伝いにでも駆り出されたのか、それとも自分から買って出たのか。いずれにしても、なぜか新鮮な気持ちになった。

こうしたことは、以前は当たり前のように見かけられた気がする。学級懇談会の折には寄宿舎の先生が遠方の保護者に替わって出席し、子どもの様子を聞かせてくれたり、こちらの話を聞いて保護者に伝えてくれたりしていた。

そんなことに思いを巡らしているとき、ふと、こんな言葉を思い出した。「チーム学校」である。財政的に厳しい昨今の状況で、学校が抱える多様で複雑な教育課題に対応するため、地域の方々や福祉等の専門家などの協力を得て、チームとして学校の教育力を高めようという構想である。中央教育審議会の作業部会で議論され、６月に中間報告案がまとめられている。

学校における、こうした多様な人材の活用については、これまでもそれぞれの地域の実情に応じて、様々な取組が試みられてきた。図書室の本の整理や貸し出しを保護者の協力で実施したり、地域の人材を活用した読み聞かせや通学路の安全確保が行われたりする事例が見受けられる。

特別支援教育における支援員の活用なども、それに類することである。

「チーム学校」構想は、これからの学校教育の在り方を模索する一つの方向性を示している。様々な人の力を借りることで、先生と子どもとの関わりの時間を確保し、本来、学校が目指すべきことである子どもの「可能性の伸長」に集中しようということであろう。

そんな学校づくりを進める際に、まずは、今いる学校の教職員の意識を変えていく必要性があるように思う。その一つは、考え方の柔軟性を発揮することだ。そして、「何が必要か」、「どのように工夫していこうか」と、自ら発想することが必要ではないか。

「チーム学校」構想を生かすためには、今いる人間同士の率直な意思の疎通を図り、新しく入る人との「協働」がうまく機能するように整えておくことが必要だと思う。

そして、私達にとっては、「チーム学校」に限らず、「チーム研究所」を模索したいものだと思う。

（平成27年8月号）

# お盆明けの研究協議会

8月17日と18日に、今年度の特別支援教育教材・支援機器等活用研究協議会が開かれた。お盆休みの直後ながら、全国から52名の参加者を得た。配付資料を眺めていて、興味のある文を見つけた。「学校にコンフリクトはあるか？」である。コンフリクトとは、衝突や葛藤、対立などを表す言葉であるが、「学校には、衝突や対立があるか？」では、生々しい。そこで、今の学校の現状等を想像しながら、「今、学校では、子どもの指導に関して、教員同士が侃々《かんかん》諤々《がくがく》議論したりする機会はあるのだろうか？」と考えた。つまり、指導に関して、例えば子どもの見方や指導の内容・方法、そして指導の評価等についての教員相互の考え方の衝突があるかという意味で受け止めた。

コンフリクトについて調べているうちに、「コンフリクトマネジメント」という言葉に出会った。そこには、和を尊ぶ日本においては、コンフリクトを引き起こさないように、できるだけ避けることが重んじられてきたという考えが述べられていた。しかし、変革を推し進めていくためには、戦略的にコンフリクトを捉えていくことが必要だとも記されていた。

これらを通して思うことは、学校においても、あるいは特総研においても、子どものことや指導（研究）に関して、必要な議論を行い、そこで生じたコンフリクトにうまく対処していくことの重要性だ。

議論を活性化するためには、それなりの素地が求められる。自分の考えをもつこと、それを相手に分かるように伝えること、そして、伝えるためには、話す勇気も必要になる。その際に生まれた衝突や対立は、そのままにしておくと、潜在的なコンフリクトとして、人間関係や組織運営にマイナスに働くことになろう。したがって、コンフリクトを解消する術も身に付けなければならない。これが意外と、言うは易く行うは難しである。先のコンフリクトマネジメントにおいても、協調的にコンフリクトを解消していくことの大切さを指摘していた。

そのためには、当たり前のことだが、相手の意図を理解することが必要だ。その前には、本音で話し合うことが前提となろう。そして、例えば、子どものため、あるいは指導（研究）のため、共通の課題を見つけ、アイデアを出し合い、それを相互に評価し合うことが理解につながる。

学校には、様々なコンフリクトがある。それを意識せず、避けていたら、よりよい指導や運営は望めない。そして、コンフリクトを解消しようとする教員相互の努力が大切なのだろう。このことは学校に限らない。特総研においても同様だ。活発な議論を経て生じたコンフリクトをうまく解消していく地道な努力が重要だと思う。

参考：『組織開発ハンドブック』ピープルフォーカス・コンサルティング、東洋経済新報社２００５年11月1日

（平成27年9月号）

## 指導法に子どもを合わせる…？

9月2日から第二期の特別支援教育専門研修が始まっている。今回は、知的障害教育コースがあるためか、研修員の総数が113名という大人数である。

始めに研修員に話す機会があり、そこで標記の事柄についても触れた。

長い聾教育の歴史においては、子どもの言語指導を進める上で、口話法がいいか、手話法がいいかという論争が行われた時期がある。社会における聴覚障害の子どもの理解啓発を進める必要があるという、当時の社会情勢の影響もあり、子どもの実態等を十分斟酌することもなく、指導法に子どもを合わせたという状況が見受けられた。聾教育における、一つの教訓である。

それでは、こうした指導法に子どもを合わせるということは、昔のこととして済ましてよいことなのだろうか。そうとも言えないと思う。

例えば、知的障害と自閉症を併せた子どもに、自閉症の子どもは視覚優位だということで、言葉かけをすることもなく、絵カードや動作で指示を伝える場面に出くわしたことがある。自閉症があると言っても、子どもの興味・関心や状態は個々に異なる。そうすれば、指導法は個々に工夫が必要になる。知らず知らずのうちに、私達は指導法に子どもを合わせるということを行っているのかもしれないと思う。

ある指導法が適切であるかどうかは、それを適用してみて判断すると考えることができる。しかし、判断するためには、その結果をきちんと検証する必要がある。ＰＤＣＡサイクルの考え方は、ここでも重要な役割を果たす。

特別支援教育においては、個々のニーズに即した指導が重要である。これは、特殊教育の時代においても大切にされた個に応じた指導の発展形であると思う。

８月21日に中央教育審議会初等中等教育分科会教育課程部会の教育課程企画特別部会から論点整理案が公にされた。それを基にこれから、次期学習指導要領等の細部が検討されていくことになる。

今後の学校教育においては、特別支援教育の一層の充実が求められる。そのためには、特別支援学校等の実践を細かく、丁寧に、例えば小・中学校の先生方に伝えていく必要がある。その際に留意すべきことは、「指導法に子どもを合わせる」のではなく、「子どもに指導法を合わせる」という考え方である。子どもに即して指導内容・方法を工夫していくという、特殊教育以来の特別支援教育の財産を、広く提供していけるようにすることが、特別支援教育関係者の使命であると思う。

（平成27年10月号）

# アドリブの勧め

昔、学校現場で子ども達に教えているころ、研究授業をした後で、先輩から次のような指摘を受けたことがある。「そのときの子どもの言葉や様子に従い、アドリブを利かせた展開ができるようにすることが課題だな。」と。

そのころは、なかなかその意図が理解できなかった。授業経験を積んだり、役所で仕事をしたりする中で、おぼろげながら、言いたいことが想像できるようになった。以前の先輩は、答えを丁寧に教えてはくれない。「後は自分で考えろ！」という鍛え方だった。今なら、「不親切！」と、後輩から逆に責められかねない。でも、お陰で、自分で考える習慣が身に付いた。

以前、ある学校で研究授業を参観する機会があった。幾つかの指定授業が用意されていて、順番に見て行った。「後、10分残っているので、今はまとめでもやっているかな？」と思い、そのクラスに入ったら、子どもがそれぞれ思い思いに動き回っていた。先生ものんびりしている。つい、「授業は？」と担任に尋ねたら、「もう終わりました。」との返事。つまり、指導案通り、授業が進んだので、早めに終わりましたということだった。「どう考えればいいのだろう。」と、何か複雑な気持ちになった。

指導案通り進むということは、もしかすると、展開が子どもにとっては容易過ぎたのかもしれない、あるいは子どもの反応に適切に応えられたのだろうかなどと、即座に考えなければいけないことがあるはずだ。また、「順調に進んだら、こんな課題も扱ってみよう」などという準備はしていなかったのか、余った時間がもったいないな、などということが頭に浮かんだ。

授業では、とかく、突発的な出来事に見舞われる。予想もしていない子どもの反応、いつもと異なる子どもの状況、様々である。指導案を作る際には、いくらかそんなことも想定しながら作成する。「こんな発問をしたら、あの子はこんな答えをするだろう。」、「この子はこんなことを言い出すかも。」、「子どもが乗ってこなかったら、こんなことをして気持ちをほぐそう。」、「あの子は今日の授業でこんなことを言っていたから、明日はそれを思い出させよう。」など、展開の折々にどんなことをするかを想定しながら、頭の中で授業の流れを繰り返す。それでも、思い通りにはいかないものだ。そこで、アドリブが必要になる。

アドリブを利かせるというのは、「その場その場で、適当にやればいい」という意味ではない。事前にあれこれ思いを巡らしておかないと、いざというときにアドリブも利かせられないと思う。こうしたことは、授業だけではない。特総研における日々の生活においても同様だ。特に、リスク管理などにおいても、アドリブを利かせることは大切である。いろいろ考えていても、予想もしないことが起きるもの。でも、考えていないと即座に対応はできない。アドリブを利かせるとは、そんなことを求めていたのでは？

（平成27年11月号）

# 思いがけないプレゼント

11月10日、第二期の特別支援教育専門研修が最終日を迎えた。夏休みが明けて間もない9月2日に開講式を行い、研修が始まった。それから2か月間が過ぎた。

閉講式は、特総研の講堂で行われる。今回の研修員は、総勢113名。講堂の座席は、研修員や特総研の職員で埋まっている。後ろの方には、立って式に参加している職員も見受けられる。

研修員には、開講式のときの緊張した面持ちとは打って変わり、研修を終えた安堵感や一緒に研修を受けた仲間との惜別感がうかがえる。

式も順調に進み、修了証書を授与したり、私の挨拶を述べたりして、研修員代表のお礼の言葉になった。研修における感想やエピソード、そして、地元に帰ってからの抱負などが話され、名前を述べて終わりかなと思ったとき、その研修員から意外な一言があった。

「研修員全員で歌を歌います。」との申し出。突然のことだったが、雰囲気や目の前の研修

員たちの真剣なまなざしに、「分かりました。」と返すことに。

指揮を務める研修員が壇上に上がり、合唱が始まった。後で分かったことだが、曲名は「旅立ちの日に」であった。私の年ごろであれば、「仰げば尊し」や「蛍の光」が定番であったが、この曲は、「贈る言葉」と並んで、今時の卒業式ソングの定番だという。

壇上で耳を傾けることになったが、研修員たちによる、きれいにハモった大合唱が、講堂全体に響き、とても印象に残る時間となった。

思いがけないプレゼントとは、このことである。

「旅立ちの日に」という曲の成り立ちについても調べてみた。

関東近郊のある中学校が、ちょうど荒れている時期に、校長先生が生徒たちに歌わせたいと思い、作詞をしたそうだ。それにその中学校の音楽の教師が曲を付けたという。その学校の生徒たちに歌わせたいと考えていたら、いつの間にか、全国で歌われるようになり、卒業式の定番ソングとなったそうである。

私は聾学校に勤めていたので、子ども達の合唱を聞くという経験は乏しいが、改めて合唱のもつ意味や人に訴える力を感じた。中学校などで、学級対抗の合唱コンクールが開かれているのも宜なるかなと思った。

第二期の研修員も、このメールマガジンが発行される12月の初めには、それぞれの地元で忙しい日々を送っていることと思う。「研修の成果を地元に還元してほしい」と、挨拶の中で述べた。それぞれのやり方で、着実に歩んでいってほしい。そして、それぞれの地域に即した特別支援教育の充実に貢献してもらえればと願う。

（平成27年12月号）

# 散歩の途中で気付いたこと

久里浜暮らしも長くなった。時々、散歩がてら、街の中をブラブラすることがある。最近多い、テレビでの散歩番組ほどではないが、歩いてみて、初めて気が付くことがある。

京急久里浜の駅から東京湾フェリー乗り場までの広い通りには、両側に桜の木が植えられている。3月から4月にかけて、通りは花見の客で賑わう。その通りから横道に逸れる「花の国」という公園までの通りにも、桜の木が植えられている。

そして、花が散ると今度は新緑の季節だ。若葉が伸び始め、葉陰は夏の日差しを避けるのにちょうどよい空間になる。

さらに、落ち葉の季節になると、通りには紅葉した落ち葉が舞い散り、それはそれで風情がある。桜の木に関しては、そんなところまでしか関心がなかったが、先日、桜の木の新たな姿に気が付いた。

それは、歳の暮れも迫ったある日、葉が落ちてすっかり丸裸になった桜の木の小枝の姿である。葉が落ちた後の欅の木の枝振りもきれいであるが、桜の木の枝振りも、それに負けず劣らずきれいなのである。しかも、幹から水平に伸びた枝の先は、緩やかに空に向かって伸びている。その枝から出た小枝も下には向かわず空に向かって伸びている。たまま下の方に伸びた小枝も、先は空に向かって方向転換している。いずれの小枝も、等間隔で歯の欠けた櫛のように、皆、空に向かって伸びようとしている。自然の摂理とは言え、不思議なものだ。

そんなことにも思いを馳せつつ、次のことを考えた。

桜は、花が咲いた姿や葉が茂った姿しか目に付かなかったが、冬の枝を伸ばした姿もきれいなものだということ。そして、枝の伸び具合については、花が散り、葉が落ちたときにしか気が付かないということも。隠れたところに桜の木の人知れず〝努力している姿〟があるのかもしれないなどと思ってしまう。

今年は暖冬なのか、桜のつぼみが膨らむのが早いような気もする。

特総研は、今年、第四期を迎える。中期目標に従い、5年間の中期計画を策定して、ミッション、ビジョンに則った業務運営を行う。

桜の木ではないが、前向きに進みたいと思う。しかも、職員が一致協力して。それぞれに得意不得意はあろうとも、職員全体の意識が揃って空（太陽＝目標）に向くようにしたいし、そうありたいと思う。障害のある子どもの一人一人の可能性を追求するという目標に向かって。

（平成28年1月号）

# 発問の工夫

「発問」と聞いても、ぴんと来ない人がいるかもしれない。発問とは、教師が子どもの考えを知ったり、授業のねらいに沿って、子どもの思考を導いたりするために、様々に工夫して〝問いかける〟ことを言う。

現在、特総研では、第三期特別支援教育専門研修が行われている。視覚障害教育コースと聴覚障害教育コースが開講され、1月末に後者のコースで〝授業〟について話す機会を得た。そこで、標記の事柄について触れたいと思った。その理由は、今から40年近く前になるが、聾学校に勤め始めたころ、先輩の先生から、「『ろう教育』という月刊誌に、授業の記録が載っていて、そこには先生の発問とそれに対する子どもの回答がすべて書いてある。それを読んで『発問』を勉強しなさい。」と言われたことを思い出したからだ。

もう一度、その『ろう教育』という機関誌を見てみたいと思い、特総研の図書室へ行ってみた。奥の書棚で発行年毎に製本された本をめくっていく。昭和42年の9月号に該当

する授業記録を見つけた。私が就職したのは、昭和51年である。だから、当時は10年近く前の聾教育の世界の機関誌を探し、勉強していたのだろう。昭和43年から44年にかけて、同様の授業記録を掲載した機関誌も見つけた。

いずれも、指導案や授業でのやり取りの記録、そして、その後の授業研究会の議論の様子までが掲載されていた。子どもの思考を導くために、どのような発問をすればよいか、聾教育ではそれが課題だったのだろう。やり取りを記録したり、音声をテープに取って、それを書き起こしたりして原稿にしたものと思われる。新米教師のころ、それらの冊子に目を通しながら、かつ自分のクラスの子ども達に実際にやってみながら、発問の意味や大切さを学んだことを思い出した。

こうした発問に関する研究は、なぜか少なくなってきている。手間がかかるせいだろうか？コミュニケーション重視ということで発問への興味が削がれているためだろうか？「授業の最初に行う発問は何か？」、「授業の山場でどんな発問をするのか？」そんなことを必死に考えていたころが懐かしい。

授業について話す機会を得たことで、自分なりに振り返る時間をもつことができた。「授業づくり」や「授業改善」が話題となる今日、授業において欠かすことのできない「発問」について、もう一度考えてみてほしいと思う。大事なことは、ねらいに沿った授業を進めるための手立てとしての発問という意味だけでなく、子どもの頭の中を探るための発問も大切にしたい。それは、子どもと先生の〝仲〟を育む役割も果たすから。

そんなことを考えながら、昭和61年の『聴覚障害』誌を眺めていた。すると、私が書いた原稿が見つかった。やはり、指導案ややり取りが掲載されていた。最初に勉強したことを10年後に自分なりにまとめたのだろう。すっかり記憶から消えていた。でも、発問の大切さは、今でも頭に残っている。

（平成28年2月号）

# イメージの共有

昨年末に、共生社会とインクルーシブ教育システムについて、話をする機会を得た。いずれも、抽象的な概念であり、聞く人にどのようにイメージをもってもらうかが大切だと思った。コミュニケーションにおいては、話し手と聞き手の間に、用いられる言葉の共通のイメージが存在してこそ、話が通じ、共に考えることができる。これは、聾学校で子どもと関わる中で学んだことでもある。単に話せば意味が通じるという訳ではない。子どもがどんなイメージを頭に浮かべているかを常に確かめながら、言葉を選ぶ必要がある。

共生社会については、まず、公的な説明がどうなっているかということが気になり、共生社会政策を担当する内閣府のホームページから模範的な回答を探した。そこには、「国民一人一人が豊かな人間性を育み生きる力を身に付けていくとともに、国民皆で子どもや若者を育成・支援し、年齢や障害の有無等にかかわりなく安全に安心して暮らせる『共生社会』を実現することが必要です。」との説明が載っていた。これに基づけば、「共生社会」

という言葉を修飾している「国民一人一人が…安全に安心して暮らせる」社会が、その意味を表していると言えよう。しかし、長い。もっと端的に言わないと、例えば、聴覚障害の子どもとイメージを共有することは難しそうだ。

また、「障害の有無等にかかわりなく…」とあることから、同じホームページにある「障害者施策」についても調べてみた。すると、「障害の有無にかかわらず、国民誰もが互いに人格と個性を尊重し支え合って共生する社会を目指し、障害者の自立と社会参加の支援等を推進します。」という説明を見つけた。共生社会の要件として、「互いの人格と個性の尊重」が重要であることが分かる。

ここまで考えてきても、まだ、子どもとイメージを共有するにはほど遠い。何かいい手はないかと考えつつ、たまたま、実家で息子の部屋に入る機会があった。ふと、クローゼットにある完成したジグソーパズルが目に入った。クリスチャン・ラッセン（ハワイの画家）が描いたイルカの尾びれと夜の月をモチーフにした絵で、それを基にしたジグソーパズルだ。1000ピースもあるだろうか。完成したパズルをケースに入れ、大切に飾ってあった。

そこで閃いた。これなら、共生社会について、子どもとイメージを共有できるかもしれないと。ピース、一つ一つを個々の人間として考えよう。一つでも欠ければ完成しない。

つまり、一人一人が貴重な存在である。これは、それぞれの「人格と個性を尊重すること」と同じではないかと思った。そして、共生社会は、いつか突然出来上がるものではなく、日ごろの地道な努力の結果として、徐々に完成形に近づいていくのだということも。

子どもに限らず、人とのやり取りにおいては、言葉を砕きつつ、イメージを共有する努力を惜しんではならないと思う。そして、そのイメージを上手に確かめる努力も欠かせない。ジグソーパズルと共生社会、直接関係はないが、考える手がかりにはなりそうである。

（平成28年３月号）

# 第3章

# 平成28年度

# 実るほど頭の下がる稲穂かな

３月11日に第三期特別支援教育専門研修の閉講式を迎えた。31名の視覚障害教育コース、聴覚障害教育コースの研修員は、足早に地元へ帰って行かれた。そして、３月16日には、都道府県・指定都市教育委員会派遣研究員が、一年間にわたる特総研での研究を終えて、それぞれの地元に向かわれた。

特総研も、しばし、休息のときを迎えたということかもしれない。

派遣研究員に研究成果認定証を授与するに当たり、何か一言を述べることになった。お別れ会でも一言を述べたし、研究成果報告会でも述べた。同じことを繰り返し述べることにも意味があると思ったが、折角だから、何か違うことを伝えたい。それで、頭を悩ませていた。

授与式当日の朝、ふと閃いた。それが、標記の言葉だ。

この成句を広辞苑で調べれば、「学識や徳行が深まると、その人柄や態度が謙虚になる

ことにたとえる。」と記されている。その人の謙虚さを示すことと言える。謙虚さと言えば、こんな話を思い出す。研修を終えて帰る人に、「謙虚さが大切ですよ。まずは、地元に帰って3日間は気を付けて。」と話していた人がいたことを。聴きながら、「本当に3日間でいいの？」と思っていた。また、「もう少し表現の仕方がありそうだが…。」とも。

ここで、私が言いたいことは、謙虚さも大切だが、こんなふうにも考えることができるのではという、私の閃きである。

派遣研究員の先生方は、1年間、自分が抱いてきた研究テーマに沿って、特総研の指導担当研究員とコミュニケーションを取ったり、研究員の出張に同行したり、また、図書室で文献を読み漁ったりと、各自、研究に取り組まれた。特総研では、様々な研修事業が実施されている。セミナーも開かれる。そうした場に参加して、自己研修にも努められた。その成果は、それぞれの研究報告書を見れば、一目瞭然である。つまり、知識や技術がたくさん蓄積され、〝頭が重くなった〟と言えるかもしれない。地元に帰って、それをどのように学校現場に還元するのだろうか。そんなところに恐らくそれぞれの人柄が反映するのだと思う。得られた知見を、謙虚に同僚との語らいに生かしてほしい。そして、もっと学校現場に生かすという意味では、私は「子どもの目線まで降りて、そこで子どもの思いを受け止めたり、語りかけたりしてほしい。」と思った。

謙虚さをこのような具体的な行動で表してほしいという提案だ。
インクルーシブ教育システムの構築を目指して、今後、特別支援教育を充実することが課題となる。そのためには、相手に分かるように説明することが大切だ。何より、誤解されることがないように、話す内容や話し方には最善の注意を払いたいものである。

（平成28年4月号）

# 新しき酒は、新しき革袋に盛れ

4月1日、特総研は独立行政法人として、第四期の歩みを始めた。第三期から第四期に移行するに当たり、その組織を一新した。それは、文部科学大臣から示された中期目標のミッションを確実に実現するためでもある。4部1センターの体制になり、インクルーシブ教育システム推進センターを設けた。

このセンター設置が、第四期の一つの目玉でもあろう。

こんな状況で、ふと頭に浮かんだのが、標記の言葉である。意味を調べてみると、「新しい思想や内容を表現するには、それに相応しい形式がある。」と述べられていた。

インクルーシブ教育システム構築を進めていくためには、様々なチャレンジを行うことのできる組織が必要になる。まずは、そんなふうに考えたい。新しい組織を立ち上げるためには、人も必要になる。年度の変わり目に当たり、出身地に戻られる研究職員もいたが、新たに公募するなどして、7人の新たな研究職員を迎えた。それぞれを新しい酒にたとえ

るとするならば、新しい組織という革袋で、まさに我が国のインクルーシブ教育システム構築に向けて、特別支援教育の充実や特総研の運営に尽力してほしいと期待する。

こんなことを考えている際に、私も含めて、前から特総研で仕事をしている者は、標記の言葉をどんなふうに考えればいいのかと思った。

新しく赴任された方だけが新しい酒とは考えたくない。前からいる人間も新しい酒になる必要があるのでは?そして、新しい革袋である〝新しい研究所の組織〟で、もっている力を十分に発揮してもらうためには?そんなことを考えていて気が付いた。

「意識を変えれば、新しい酒になり得るのでは」と。でも、意識改革は、口で言うほど簡単なものではない。誰しも、前例踏襲が簡単だし、苦労も少ない。気持ちを切り替えて、新しいことにチャレンジするというのは容易なことではない。でも、旧態依然では、いつまで経っても、新しい組織を動かし、特別支援教育を充実するという目標には近づけないだろう。

第四期を迎え、組織も一新し、インクルーシブ教育システム推進センターもつくった。後は、魂を入れるだけかもしれない。それが、新任の職員であり、意識改革を図った従来からいる職員であるのではないか。

第四期中期目標には、数値による指標が示されている。それを中期計画に基づいて達成すべく努力していくことになる。数値目標を掲げて業務運営を行うことは、いいも悪いもなく、時代の趨勢として受け止めていく必要があろう。そんな中で、仕事をしていくのは、今、共に研究所に勤めている人間である。こんなふうに考えてくると、先の標記も、「新しい革袋には、新しい酒を盛れ」と受け止め、今後の励みにしたいと思う。

（平成28年5月号）

# 研修を進めるに当たって

平成28年度が始まり、特総研は独立行政法人として、第四期中期目標期間を迎えた。研修事業についても、中期目標に従い、研修指針を策定し、それに従って、不断の見直しを行うこととしている。

連休明け、第一期の特別支援教育専門研修が開講した。第一期は、知的障害教育コースのみの研修となった。知的障害教育分野の特別支援学校が多いだけに、専門性の向上は、「焦眉の急」の課題でもある。82名の研修員が、7月上旬までの2か月間に及ぶ専門研修を受ける。このコースには、講義や演習、研究協議や課題研究、実地研修等が組み込まれ、さらに、図書室や宿泊棟での自主的な研修が思い思いに繰り広げられる。

現在、文部科学省では学習指導要領等の改訂作業が行われている。アクティブ・ラーニングやカリキュラム・マネジメント、キャリア教育、育成すべき資質・能力、学びの連続性等の言葉が、キーワードとして話題になる。その際、子どもを目の前にする学校現場では、「どのような学習活動を展開するか」が気になることと思う。確かにその通りだが、2か月間の研修期間という少し余裕のある研修員の立場であれば、「なぜ、アクティブ・ラーニングが求められているのか?」、「なぜ、今、カリキュラム・マネジメントが必要なのか?」などというように、「そもそも論」を考えてほしいと思う。

キャリア教育が話題になって以降、「キャリア教育」という言葉を目にする機会が増えた。研究テーマに掲げられる言葉として用いられているせいだろうか。でも、「今、なぜ、キャリア教育なのか?」ということを追求したものはあまり見かけなかった。それが気になっていた。今まで用いてきた「進路指導」や「職業教育」とはどのようにすみ分けているのだろうか、あるいは、「キャリア教育」という言葉を用いることによって、どのような教育を志向しているのか、そして、それをどのように同僚や保護者に説明していくのか、そんなことも気になる。

社会的な背景、これまでの教育の振り返り、そして、これからの社会状況を踏まえて、キャリア教育が何を目指すか、そんなことについても洞察したいものだと思う。

今、とかく、HOW TO論に関心が集中することが多い。すぐ、子どもの指導に役立てるためには欠かせないことでもある。しかし、指導を長続きさせ、新たな工夫を盛り込むためには、その指導法等の背景にある思想や原理についても考えをめぐらす必要がある。

若いころ、学校現場で、「聾の子どもに、なぜ、読話が必要なのか?」、「口話法とは何か?」、「その隘路《あいろ》は何か?」と、酒の席だが先輩から詰問されたことがある。聞きかじりや専門書の引き写しで答えると、看破された。そんな経験を通して、「実感をもって受け止めること」、「具体的な事例を基にして、自分なりに答えを見つけること」の大切さを自覚した。

研修員には、今回の研修の機会を大切にしてほしいと思う。それを設ける私達も。

(平成28年6月号)

# 「日常生活の出来事」を授業に生かす

特別支援学校では、「日常生活での様々な出来事を授業に生かすことが大切ですよ。」と、若い先生などに話すことがある。しかし、どうも実感をもって受け止めてもらえていないような気がしていた。何か事例を基に伝えることがいいと思っていたが、なかなかそんな場面に出くわさなかった。たまたま、隣の学校の授業研が始まった。授業を見せていただこうと思って出かけた折に、こんなことに出くわした。

授業を見せてもらうのは、私にとって原点を思い出すようなもの。そして、幼稚部で出会った子どもがどんなふうに成長したかを確かめる貴重な機会でもある。子どもの変化に自分の気持ちを和ませてもらえる瞬間でもある。

小学部低学年のあるクラス。朝の会が始まるまで、まだ時間があった。ある男の子が水筒から何かをふたのコップに注ぎ、飲んでいた。久し振りに会い、つい、声をかけてしまう。「〇〇ちゃん、なに、のんでるの？」と。すると、予想に反して、小さい声ながら、「おちゃ。」

という返事。幼稚部のころから声をかけてきたが、反応してくれたのは初めて。驚いて、次の言葉が出るのに時間がかかってしまった。そして、「おいしい？」と訊ねる。すると、小さく頷いてくれた。

ちょうど喉が渇いていて、口にしたお茶がとても美味しかったのか。朝、学校に来るときに何かいいことがあったのか。ここ1、2年、担当の先生の関わりが功を奏し、久し振りに会った人間とも動揺せず話ができるようになったのか。応じてくれた理由は分からないが、私の問いかけに声を出して答えてくれたことは事実だ。それを考えながら、授業を見せてもらった。

生活の中で、「何を飲んでいるの？」に答えられるということは、「何を食べているの？」、「何を見ているの？」というやり取りにも答えられるだろうし、いずれ、「何をしたいの？」、「今日は何をしたの？」、「明日は何をするの？」、「今日は何を勉強したの？」にも、返事ができるようになるだろう。ただ、そのためには、家庭でお母さんとのやり取りも必要になる。お母さんが、「給食で食べた物を家で話してくれるようになった。」と連絡帳で知らせてくれたと、担当の先生が嬉しそうに話してくれた。

生活場面でのやり取りは、このように子どもの言語力を話し手が推し量る機会でもあるが、何より子どもの興味・関心を把握する絶好の機会でもある。

そして、それを授業の場で活用することが大切である。もしかしたら、それが根拠のある指導（やり取り）につながるのではないか。

生活の場での子どもとのやり取り（一緒の活動）をどのように授業に生かすか。私が聾学校出身なので、どうしてもコミュニケーションという視点になってしまうが、子どもに合わせて、個々に工夫することはできると思う。

日常生活の出来事をどのように授業に生かすか、子どもとの関わりで得た確かなネタがたくさんあればあるほど、授業において、こんなふうに扱ってみたいという想像が、次々に膨らむと思うが…。

（平成28年7月号）

# 社会に開かれた教育課程

平成26年11月の文部科学大臣からの諮問を受けて、中央教育審議会では、次期の学習指導要領等の改訂に係る審議が進められてきた。平成27年8月には、初等中等教育分科会教育課程部会に設けられた教育課程企画特別部会において論点整理がまとめられた。その後、学校種別の部会や教科等のワーキンググループが設けられ、個別具体の議論が行われた。そうした会議も一段落し、平成28年の夏には、審議のまとめが出される予定である。

そんな中で、カリキュラム・マネジメントやアクティブ・ラーニングなどの言葉が話題に上ってきた。今、一区切りした議論を振り返りながら、今回の改訂の大きなテーマである標記の言葉が、特別支援学校において、とても重要な意味を有しているように感じている。

勿論、小・中学校と同様に、「よりよい学校教育を通じてよりよい社会を創るという目標を共有し、社会と連携・協働しながら、未来の創り手となるために必要な知識や力を育む」という「社会に開かれた教育課程」の理念は、特別支援学校においても共通である。その際、特別支援学校においては、それらの概念や言葉をより現実的に砕いた受け止め方も必要な気がする。

というのは、特別支援学校では、これまで、自校の教育課程を、それなりに自信をもって地域や一般の方々へ発信してきただろうかという懸念があるからである。

私の取り越し苦労であればありがたいが…。

今回の学習指導要領等の改訂では、「何ができるようになるか」、そのために「何を学ぶか」、そしてそれを「どのように学ぶか」という視点で議論が進められてきた。これらのことは、特別支援学校においても肝に銘ずべきことである。とかく、子どもの実態が個別に異なることから、学校としての教育課程よりも、個々の子どもの指導計画に目がいきがちであった。それは、学校のホームページなどを眺めても気が付くことである。教育課程というよりも、学習活動の様子などが、写真で紹介されていたり、週の時程表や日課表が掲載されていたりする。

特別支援学校の場合、子どもの実態が異なることから、「ここまで育て上げる」という目標を示すことが難しい場合もあろう。でも、それぞれの学校は、一生懸命、子どもの可能性を伸ばすために努力している。このことは、恐らく全ての特別支援学校で見受けられる実際の姿である。

だからこそ、「この子には、何ができるようにしたいのか」、そのために、「教科指導として、あるいは自立活動の指導として、こんな学習内容を提供している」、そして「子どものペースに合わせてこんな指導の工夫をしている」というように、各学校の教育の中身を発信していくことが重要な気がする。

今回の改訂を、特別支援学校の存在をアピールする機会にしたい。そのためには、日々の教育実践が鍵を握る。その教育実践の大枠となる「教育課程」を、広く社会に知っていただく機会としたいと思う。

（平成28年8月号）

# 慈眼妙手

昔、聾学校を訪ねると、校長室や会議室で、「慈眼妙手」と書かれた古い額を見かけることが多かった。まだ、今のように機器も開発されていないころ、耳の不自由な子ども達が、手を巧みに操り、手話でコミュニケーションしている場面を、慈愛に満ちた眼差しで眺め、その可能性を伸ばしたいと思っていた先生方の姿が目に浮かぶ。

先月の初め、特総研では、盲ろうの子ども達の教育に関する研究会が開かれた。目も耳も不自由な方達とどのようにコミュニケーションを取るのだろうと、通訳者と当事者との関わりを眺めていた。指点字を使ったり、簡単なサインを用いた触手話を活用したりしながら、それぞれの当事者に即したやり取りを進めていた。10人ほどの当事者の方達に加え、その保護者やボランティア、盲ろうの教育に関心のある先生などが、2日間で90名ほどが参加し、総勢100名に及ぶ研究会だった。

盲ろうの子ども達は、障害が重複している。意思の伝達や移動、日常生活において、様々な支援が必要である。それを正面から受け止めて、関わっている保護者の方々には、思いも寄らない明るさが見受けられた。恐らく、障害に最初に向き合ったときの様々な思いを自分なりに心の中で整理し、子どもの可能性を追求する気持ちをもたれたのだろうと推察する。

こうした姿を拝見しながら、「この子らを世の光に」という言葉を残した糸賀一雄先生を思い出した。仲間とともに、知的障害の子ども達の施設である近江学園をつくられた方だ。図書室で糸賀一雄講話集「愛と共感の教育」という小冊子を見つけ、目を通した。

そこには、昭和43年9月に行われた最終講義が掲載されていた。予定時間を20分も延長して行われた講義が終わる寸前に糸賀先生は倒れられ、翌日、その生涯を閉じられたそうだ。その最後に聴衆に訴えられたかったことが、「この子らを世の光に」だった。

録音を起こした施設の職員は、先生の思いを代弁し、「この子ら(即ち、知的障害の子どもたち)は、みずみずしい生命にあふれ、むしろ回りの私たちに、そして世の人々に、自分の生命のみずみずしさを気づかせてくれる素晴らしい人格そのものであったのだということを(先生は)おっしゃりたかったのだろうと思います。」と述べている。

7月末に、神奈川県の福祉施設で忌まわしい事件が起こった。亡くなられた方のご冥福を祈るとともに、私達はこの事件を決して忘れてはいけないと思う。これまで先人達が共生社会を夢見て、障害のある人達に慈愛に満ちた関わりを行ってきたことも。糸賀先生の講演では、「親の愛は、無償の愛」という表現もある。今回の事件で落胆された親御さん達の気持ちは、いかばかりであろうか。そして、当事者の方々の不安も計り知れないと思う。さらには、関係者の憤りも。生命を大切にすることは、当たり前のことだと思う。共生社会の実現のため、今一度、慈愛や無私の愛という先人の言葉を思い出し、それぞれの持ち場で、子どもの可能性を追求していきたいと思う。

（平成28年9月号）

＜追記＞

平成28年7月26日の未明、神奈川県の障害者福祉施設で痛ましい事件が起こった。それを機に関係団体から種々の声明文が報じられた。同じ神奈川県にある特別支援教育の研究施設として、特総研も何かリアクションを起こすべきだという声が、本研究所の職員からも聞こえてきた。このNISEダイアリーでという意見も。しかし、あまりにショッキングな事件に私の筆では、すぐに書けるような言葉が浮かんでこなかった。8月号の原稿もすでに係に提出した後だったこともあり、翌月までの宿題として、時間をもらうことにした。

そうこうして、ようやくまとめ上げたのが、この原稿である。特総研には、図書室があり、そこには、古い資料が蓄えられている。そこで、あれこれ文献を漁り、見つけたものが、川本宇之介の「慈眼妙手」と糸賀一雄の「この子らを世の光に」である。

特別支援教育に携わる者として、教育の分野で、私達は、力を尽くしたい。そして、一人一人の子どもの可能性を伸ばし、自立し社会参加する人間に育てたいと思う。

HOW TOものが求められる今、時間はかかるが、特別支援教育としての教育学や教育原理、そんなものをつくっていく必要があるのではないか。


（令和5年3月）

## 免許法認定通信教育

10月1日から、特総研では、免許法認定通信教育を開始することとなった。これまで、特別支援学校に勤める教員に関しては、教育職員免許法において、特別支援学校の免許状と各学部に相当する小学校等の免許状の両方をもつことが原則として求められてきたが、一方で、同法の附則第16項において、当分の間は、特別支援学校の免許状をもっていなくても、小学校等の免許状をもっていれば、それに相当する各学部の指導も行えることとされていた。

これは、以前の盲・聾・養護学校時代に、それらの学校の教員養成において、当該免許状をもつ先生が不足した場合を想定しての次善の策であった。それが、今日まで引き継がれてきたと言える。

特別支援教育関係者にとっては、教員養成の仕組みを整える中で、一日でも早く、この「当分の間」を取り除き、特別支援学校の免許状と指導する当該学部に相当する学校の免許状をもって、子どもの指導に当たるという、教育職員免許法の本来の趣旨を実現したいというのが悲願であった。

こうした流れを受けて、平成27年12月21日にまとめられた中央教育審議会の「これからの学校教育を担う教員の資質能力の向上について（答申）」においては、教員免許制度に関する改革の具体的な方向性の一つとして、「特別支援学校教諭等免許状の所持率向上」が掲げられた。そこでは、「附則第16項の廃止も見据え、平成32年度までの間に、おおむね全ての特別支援学校の教員が免許状を所持することを目指し、…独立行政法人国立特別支援教育総合研究所による免許法認定通信教育…を進めることが考えられる。」と述べられている。

これまでも、特総研においては、2か月間の特別支援教育専門研修を受講する先生方の希望に応じて、免許状更新講習や免許法認定講習を実施してきた。そして、新たに免許法認定通信教育を実施することにより、特別支援学校教諭免許状所持者の増加に寄与したいと考えている。

免許法認定通信教育は、インターネットを通じて、映像や字幕による説明などを基に、自学自習を進めてもらう試みである。約半年後には、試験を受けていただき、その結果に基づいて科目の単位を修得することになる。

平成28年内には、中央教育審議会から学習指導要領等の改訂に関する答申がまとめられる予定である。社会に開かれた教育課程を実現するためには、先生方の日々の実践が求められる。その際には、今、話題となっている育成すべき資質・能力やカリキュラム・マネジメント、アクティブ・ラーニング等についても考える必要があろう。

併せて、平成32年を目途に進められる、特別支援学校教諭等免許状の所持率向上の取組が、免許状を取得した先生方による特別支援学校の子ども達への創造性溢れる教育実践につながることを期待したい。

（平成28年10月号）

# 自然法

聾教育における言語指導の考え方として、「自然法」という言葉がある。10月13日に全日本聾教育研究大会という聴覚障害教育関係の催しが筑波大学附属聴覚特別支援学校で開かれ、50周年記念大会ということで参加する機会を得た。その際、齋藤佐和先生（筑波大学名誉教授）のご講演の中で、この自然法という言葉が出てきた。聾学校時代を思い出しながら拝聴した。

聾教育では、構成法による言語指導が行われていた。音節や単語の構成、語順や文型、語彙などに着目し、言葉を教え込むというような指導が行き渡り、子どもの気持ちや場面に応じた言葉の使用が課題視され、アメリカから自然法が導入された。齋藤先生は、「教師はことばをきちんとした形で教える前に、そのことばを自然な場面で使ってみせるべきである。…その機会がなければ、そのような自然な場面を教師の方で創りだしてやるべきである。…自然なことばは、ドリルよりも自然な場面でのくり返しによって獲得されるものである。」（『言語指導用語解説』の「自然法」を大塚明敏が担当執筆）という自然法の考え方を引用されていた。

そして、「ことばの表現（社会的約束としての形）と、そこに付与されている意味（子どもが表現したがっていること）を分けて捉え、うまく合致するよう創意工夫する。そのためには、…子どもの生活に密着した観察力、情報収集力、洞察力、教師自身の言語力が必要。」と述べられていた。

こうした自然法の考え方は、聴覚障害教育だけで活用すればよいものであろうか。私は、久里浜特別支援学校に3年間勤める機会があった。そこでの経験を基に考えると、知的障害を併せた自閉症の子どもにも応用できると思う。

久里浜特別支援学校に勤めて間もないころ、小学部1年生の子に廊下で「おはよう」と挨拶をした。ところが何の素振りも返事もない。自閉症の子どもはこうしたものだと考えてしまえば楽かもしれないが、聾教育の経験しかない私は、何とかして、この子と関われるようになりたいと思った。翌日から、朝の挨拶の繰り返しが始まった。単に「おはよう。」と言うだけでは気に入ってもらえないと思い、「おはよう。」の後に、「床屋に行ったの？」、「今日のリュックは格好いいね。」、「朝ご飯、食べた。」などと付け加えた。「おはよう。」という言葉が出て来るだろう自然な場面、子どもの様子、興味・関心、相手に対する思い、そんなものを漠然とだが想像しながら、言葉かけを続けた。

お母さんから促されて、片言の返事をする場合もあったが、なかなか本人自身からの言葉はなかった。

1年半ぐらい経ったころだろうか、いつものように「おはよう。」と声かけしていたとき、か細い声で、「お・は・よ。」という返事が聞こえた。

その後は、徐々に声も大きくなり、表情も豊かになった。私の関わりが直接的な要因とは思わないが、嬉しい瞬間であった。特別支援教育の充実が求められている今日、これまでの実践で蓄積された障害種別のノウハウがあちらこちらにあるはずである。今は、それを目の前の子どもに活用できるかどうかの先生方の柔らかな発想力が大切だと思う。

（平成28年11月号）

# 交流及び共同学習の研究協議会

今年度の交流及び共同学習に係る研究協議会が、11月半ばに開催された。全国から74名の参加者を得て、２日間の日程で行われた。この機会に、交流教育の変遷について、自分なりに振り返ってみることにした。

交流及び共同学習は、もともとは交流教育と呼ばれていた。昭和45年の教育課程審議会の答申を経て、翌年の学習指導要領改訂で、盲・聾・養護学校小学部・中学部学習指導要領の特別活動において、「小学校の児童または中学校の生徒と活動をともにする機会を積極的に設ける」と示された。しかし、交流教育は、盲・聾・養護学校側だけが頑張っても効果は少ない。そこで、昭和54年には、小・中学校側にも関心をもってもらうために文部事務次官通達が出された。そして、小･中学校に「心身障害児理解推進校」を指定し、小・中学校側から盲・聾・養護学校への働きかけを期待した。折しも、その年は養護学校義務制施行の年でもあった。義務制に関しては様々な意見があり、養護学校が小学校からかけ離れた存在ではないことを示す意味でも、交流教育は大切な教育活動であった。その後、昭和62年度からは、「心身障害児交流活動地域推進研究校」として盲・聾・養護学校を指定し、学校を取り巻く地域での交流活動の在り方を追求してきた。

このように交流教育は、長い時間をかけて、点から線、そして面へと広がりを見せてきた。平成13・14年度には、障害のある子どもが住んでいる地域の学校との交流を模索すべく、いわゆる居住地校交流の実践が試みられるようになった。また、そこでの教科学習による交流活動がより一層推進されるよう、平成16年の障害者基本法の一部改正において「交流及び共同学習」という言葉が用いられるようになった。

そのころから、障害者権利条約に関する動きが顕著になり、その内容を意識した交流及び共同学習が指向されることとなった。平成25年には障害のある子どもの就学の仕組みが改められ、翌年には我が国も障害者権利条約を批准することとなった。昭和45年から数えて44年目に当たる。当初の交流教育も関係者の努力で、徐々に進歩してきたと言える。

話は戻るが、今回の研究協議会では、特色ある取組として、埼玉県教育委員会から「支援籍学習の推進について―共生社会を目指して―」、茨城県の御所ケ丘中学校から「インクルーシブ教育システム構築に向けた交流及び共同学習の実践」の報告があった。支援籍の取組は、平成18年度から始まり、平成27年度には750人ほどの子どもが特別支援学校から小・中学校へ交流及び共同学習（支援籍学習）に出かけているそうだ。御所ケ丘中学校の取組も含めて考えると、それぞれの交流及び共同学習では、様々な学習内容が取り上げられている。学校行事に限らず、生活科や音楽、図工・美術、社会等の教科学習においても取り組まれている。こうしたときに、次の課題は何だろう。今、学習指導要領の改訂で話題となっているが、「教育課程の連続性」だと思う。特に、小学校等の教科と知的障害特別支援学校の教科との連続性を整理することではないかと思う。

（平成28年12月号）

# 片仮名言葉

年末恒例の行事として、新語・流行語大賞の選考が話題になっていた。平成28年の大賞は、「神ってる」が授賞した。そのニュースに関わって、選考委員会でノミネートされた30語が新聞等に取り上げられていた。その中では、「アスリートファースト」、「シン・ゴジラ」、「都民ファースト」、「(僕の) アモーレ」、「レガシー」などの片仮名言葉が目に付いた。

日本には、外国の言葉を片仮名表記で外来語として用いる文化がある。日本語の多様性の一つでもある。

今、この3月を目途に、学習指導要領等の改訂作業が行われている。昨年夏の審議のまとめや暮れの中央教育審議会答申等を見ても、片仮名言葉が見つけられる。その最たるものは、アクティブ・ラーニングであり、カリキュラム・マネジメントであろうか。そして、ようやく耳慣れした言葉として、グローバル化やキャリア教育、コミュニティ・スクールや地域コーディネーターがある。いずれも、脚注の解説や別添資料等を読んで解釈をしなければいけない。

ふと、読んで理解することに困難さがある、聴覚障害の子どもや発達障害の子どものことが頭に浮かんだ。「読めば分かる」ということは、意外と、易しいようで難しいことだと思う。

平仮名や漢字のみならず、片仮名言葉や「PPAP」、「AI」、「SMAP」など、アルファベットで略称を表記する場合もある。

聾学校で、子どもへの言葉の指導に苦労したことを思い出す。

そんなことを考えていて、いつの間にか、新年を迎えたことに思いが至る。

平成29年は酉年。そう言えば、齢を重ねて、朝起きるのも早くなったなあと思う。もし、田舎であれば、鶏の朝の一声を聞くことだろう。久里浜では、自衛隊の駐屯地からの時刻を知らせるラッパの音が、耳に響く。

ふと、椅子の上に置いてある、散歩用のキャップのつばの上にあるキャッチフレーズが目に入った。英語でTradition & Innovationと書いてあった。ペンギンマークのゴルフウェア会社の商標のようである。

ほかでもよく見かける言葉である。新語・流行語大賞でノミネートされた「レガシー」

と結びつけて考えた。

特総研の新しい年をどんな思いで歩もうかと。

特総研ができたのは、昭和46年（1971年）。新年は、46年目に当たる。これまでの営みの中で、様々な「伝統」が形づくられた。それを生かしつつ、新たな流れや状況の中で、「革新」も図らなければならない。

「引き継ぐこと」と、新たに「創造すること」、これらをバランスよく調和させながら、本研究所が特別支援教育の関係者のみならず、多くの人たちに理解され、役に立てるよう、今年も、特総研の職員一同、力を合わせて、努力していきたいと思う。


（平成29年1月号）

# 土産話を持ち帰って

　特総研では、松の内も明けない1月5日から、第三期の特別支援教育専門研修が始まっている。今回は、発達障害・情緒障害・言語障害教育コースで、計79名の先生方が参加している。小・中学校の先生方が多いが、幼稚園や高等学校、そして特別支援学校の先生や教育センターの指導主事の方もおられる。多様な職場の方々が、2か月間の宿泊研修を行うという意味で、相互の情報交換が密に行える貴重な機会と言える。

　専門研修の最初に、「理事長講話」というコマが設けられている。そこで、割と自由な話をさせていただく。ここのところは、標記の事柄を盛り込むことにしている。

　全国から集まった先生方に、それぞれの専門の講義が始まる前に、久里浜のこと、そして横須賀市や三浦半島のことについて、実際に散策しながら知ってほしいという意図と、焦らずに、徐々に専門性を高めていってほしいというねらいがある。まずは研修生活に慣れ、2か月間を有意義に過ごしてほしい。そして、研修を通して得たことを、地元に還元

してほしいと思う。そんな思いを込めて話すことにしている。

さて、話を聞く先生方は、「土産話を何にしようか？」と思うことだろう。でも、それは表面的なこと。本当に大切にしてほしいのは、次のことである。

散策をして気付いたこと、土地の名物は何か、講義で知り得たことをどのようにまとめようか、先生方と懇談して知った他の地域の教育情報など、土産話になることはたくさんある。でも、それを、相手を考えずに説明しては、元も子もない。話をするためには、相手の立場や状況に即することが基本となる。受け持っている子どもに話すことと校長先生や同僚に話すことは、当然、異なってくるだろう。しかも、ただ話せばいいというものではない。つまり、どんなふうに話して正確に伝えようかという工夫が必要になる。子どもには、具体物、つまり土地のお菓子や写真、パンフレットなどを用いて伝えよう。先生方には、講義の資料やそれを要約したものを使って話そう。教育委員会には、第三期の特別支援教育専門研修全体のスケジュールやその中での一番の関心事を中心に説明しよう。保護者には、他の地域の学校の様子を教えてあげようなどと、内容も説明の仕方も、相手に応じて工夫しなければいけない。

そしてそれらがどのように伝わったか、理解されたかの自己評価も必要だ。

こんなふうに考えると、土産話を伝えるというのは、単なる世間話ではなく、ＰＤＣＡ

サイクルの「授業を行うこと」と同じだと思う。当然、actionとしての伝え方の改善も必要になる。

私が一番伝えたいことは、「〝授業〟を考える基はあちこちにありますよ。だから、それを一つ一つ大切な機会として生かしてください。」ということ。

そして、最後に付け加えたいことは、話したり、説明したり、伝えたりすることの大本として、「（この人に、このことを、是非）伝えたい！」という強い〝思い〟（passion）が必要だということ。

研修員の先生方には、3月まで有意義な時間を過ごしてほしい。

（平成29年2月号）

## 新学習指導要領等案の公表

2月14日の夕刻、新しい幼稚園教育要領案、小学校学習指導要領案、そして中学校学習指導要領案が、文部科学省のホームページに公表され、パブリックコメントに付されることとなった。今は、その意見募集の最中である。

これらは、小・中学校のこと。我々、特別支援学校関係者には、縁遠いものとし、それらに関心をもつ必要がないか。いやいや、大いに関心をもち、小学校等における今日的課題やそこにおける特別支援教育について、思いを馳せる必要がある。間もなく、特別支援学校関係の学習指導要領等案も公表されるであろう。そして、同様の手続きを経ることになる。

今回の改訂では、「社会に開かれた教育課程」、「育成を目指す資質・能力」、「主体的・対話的で深い学び（アクティブ・ラーニング）」や「カリキュラム・マネジメント」、「学びの連続性」等、たくさんのキーワードがある。学校現場の先生方は真面目である。その意味を考え、どのように学校現場に生かそうかと模索し始める。それは、教員の宿命でもある。「如何に早く子どもに返そうか。」と考えたくなる。しかし、そんなときに、ちょっと立ち止まり、もう少し余裕をもって考えたいと思う。

平成28年度NISEセミナーが、2月17日、18日の両日開催された。約900名の参加者を得て、無事終えることができた。その中で、今回の改訂で中心的な役割を果たされた千葉大学の天笠先生に講演をしていただいた。そこで、小・中学校等において、今回の改訂をどのように受け止める必要があるかを拝聴することができた。改めて思った。「なぜ、社会に開かれた教育課程でなければいけないか。」、「なぜ、今、アクティブ・ラーニングが求められるのか?」などを振り返る機会になった。

どうしても、“HOW TO”に関心がいく。形を重視し、同じ方法を用いようと考えがちである。しかし、先ずは、本質的な問いを自らに課し、それをじっくり考えたい。そうしないと、表面的な解釈に終始しがちであるから。特別支援学校の教員は、小・中学校等の現状と課題、それへの対応を先ずは読み解き、その上で、特別支援学校の子ども達や、配慮の必要な子ども達への関わりを工夫しなければいけない。改めて、私達の仕事が“応用編”であることに思い至った。小・中学校等の課題を知らずして、特別支援学校の課題だけを考え、解決を探る訳にはいかないように思う。今回の改訂では、小・中学校等において、各教科等における障害に応じた指導上の工夫、手立てが「困難さ」ごとに示される。画期的なことである。小・中学校等の先生方が子ども一人一人を視野に入れた指導の工夫を試みる。個に応じた指導が特別支援教育の専売特許であると言われてきたが、そうとばかりは言えないのである。そんな時代なのだ。

一人一人の子どもの可能性を伸ばすため、小・中学校の先生方と特別支援学校の先生方が、膝を交えて「(子どもが) どのように学ぶか」について知恵を出し合うことが、今、求められていると思う。

(平成29年3月号)

# 第4章

# 平成29年度

# 出来上がるな！

私は、大学卒業後、聾学校で13年間勤めた。小学部担任として、先輩教師や保護者、子ども達から様々なことを学んだ。その中で、時々頭に浮かぶのが、標記の言葉である。折に触れ、先輩教師から投げかけられたものだと思う。私が生意気で先輩に楯突くゆえ、こう言われたのだろうと推測される方もおられるかもしれないが、そんなことはなかったと思う。教員仲間での17時以降の聾教育に関わる議論の席でも、東北地方出身ゆえか、話すことが苦手で、どちらかと言うと、黙って聞いている方が多かったと思う。それでは、この言葉を耳にしたのはどんな場面だったのかと、当時を振り返ってみた。

酒に酔った先輩が、うつむき加減に自分自身に向けて、「出来上がるな！」、「出来上がっちゃいけない。」と戒めるように言っていたような気がする。勿論、酒が入っていない席で、「出来上がっちゃいけないよ。」と優しい口調で諭されたこともある。結局、「出来上がるな！」という言葉だけが、今、頭に鮮明に残っている。

それでは、「出来上がった」とは、どんな状況を指すのだろうか。当時は、理詰めで考えることはなかったように思う。「出来上がってはいけないのだ」という、言葉（音声）だけが頭の中を巡っていたような気がする。

学校現場から行政へ。様々な人と関わりながら、与えられた仕事に邁進してきた。今は、特総研で職員をまとめる仕事をしている。そんな中で、改めて、この「出来上がるな！」という言葉を自分なりに考えてみたい。

先輩が、折に触れ、口にしていた「出来上がるな！」は、何を言いたかったのかと。単純に考えれば、「威張るな！」とか、「やたらと人に命令したりするな！」というように、態度や口調を想像するが、それだけではないように思う。私は、「人から学ぶ姿勢を忘れるな！」と考えたい。特別支援教育は、まだまだ分からないことが多い分野である。一部分を知って、全体を知ったように思わないことが大切である。そのためには、人の話に耳を傾けることである。人に訊ね、その回答から真摯に学ぶことである。子どもの片言に耳を傾けること、同僚や保護者の何気ない一言を受け止めることである。

以前、このコーナー（NISEダイアリー）で「子どもから学ぶ」や「無知の知」という言葉について触れたこともある。特別支援教育は奥が深い。一人一人の子どもの心も直截には把握できない。だから、あれやこれやと想像することが必要である。

「分かったと思うなよ。」、「分からないことがたくさん身の回りにあるはずだよ。」の気持ちを大切にし、分からないことを一つ一つ拾い集めて、皆で考えていきたいものだと思う。

「出来上がるな！」は、つい怠けがちな私への戒めの言葉である。仕事をしている間は、これを肝に銘じて努力していきたいと思う。

（平成29年4月号）

# 気配りと合理的配慮

先月下旬、郷里に用事があり、急遽帰省することになった。東京駅から乗った東北新幹線は、大宮で停車し、次の停車駅は福島とのこと。時刻表を見たら、大宮からノンストップ、しかも58分で福島に着く。こんなダイヤもあるのだと驚くとともに、田舎が近くなったことを実感する。

新幹線の中では、「大宮の次は福島に停車します。お乗り間違いがないように。」と、繰り返しアナウンスがなされた。もし、宇都宮で下車する人が乗っていたら大変なことになる。親切に何度もアナウンスをして、誤って乗車しないようにと訴えていた。また座席にかけていると、前の席に座られた方が、「背もたれを倒していいですか。」とわざわざ確認してくれた。いずれも、その気配りが嬉しいと思う。またローカル線の中では、大きな声を出していた子どもにお父さんが「お客さんがいるから小さな声で話そう。」と上手に注意をしていた。こんな躾がいつか気配りに発展するのだろうと勝手に想像する。

こうしたことを目にしながら、「気配りの元は何だろう？」と考えていた。しばらくして、「相手の身になって考えることかな。」に思い至った。

人と人との関係をつくっていく上では、相手の立場で考えることが欠かせない。人間関係を円滑にする上でも、それは当然のことであるが、日常生活において実践するのは、意外と難しい。どうしても自分中心に考えがちである。だから、相手の身になって考えることができれば、この殺伐とした世の中でも、一人一人が、もう少し明るい気持ちになれるのではないかとも思う。

電車の中のアナウンスでは、こんなものもある。「背中の荷物は、前にしてご乗車ください。」だ。最近、リュックサックを背負って通勤される方が多くなったせいかもしれない。「背中の荷物が、周りの人にどう思われているだろう。」などと、自分なりに推察すること、これも一つの気配りだろう。

気配りは、規則などとして決まっている事柄ではない。しかし、ちょっと周囲に気を配ることができれば、みんなが過ごしやすくなることでもある。

平成28年4月から、障害者差別解消法が施行され、職場や学校等において、障害のある人に対する合理的配慮の提供が実施されるようになった。障害のある人が、それぞれのもっている可能性を最大限に発揮して、周囲の人と一緒に社会生活を送っていくためには、本人の申し出等に応じて、合意形成を図り、合理的配慮を行うことが求められる。ふと、合理的配慮については、私達が日ごろから目にしている「気配り」が元になるのではないか。つまり、相手の身になって考えることが、気配りを支え、合理的配慮の元になるのではと思う。私達には、もう一つ、いい言葉がある。「おせっかい」だ。やり過ぎてはいけないことを示唆している。もし、自分でやろうという気持ちがあるとすれば、それも尊重しなければいけない。特に、教育の場では大切にしたい視点だと思う。合理的配慮の提供については、例えば「気配り」を元にして考えると、身近なこととして捉えることができ、合意形成もしやすいのでは。ひいては、共生社会の実現にもつながるのではと、勝手な想像が膨らむ。

（平成29年5月号）

# 新学習指導要領等の告示を受けて

4月28日に、特別支援学校の新しい幼稚部教育要領、小学部・中学部学習指導要領が官報で告示され、公開された。

それに先立ち、3月末には、小学校等の学習指導要領などが、同様に告示されている。これからいよいよそれらに基づいて、各学校で創意工夫を凝らした教育課程編成が行われることになる。これからが本番だと思う。

それに関わって、思い出したことを述べておきたい。

学習指導要領が新しくなると、学校現場では、その趣旨の理解に励み、どのように具現化するかを悩むことになる。その際、参考とするのはどこか。管理職や教務主任は、「総則」に目がいく。授業時間数をどうするかなどが関心の的であるから、当然のことであろう。それでは、学級担任や教科担当の場合はどうか。こちらは、「教科」の解説であろう。私も学校現場にいるころはそうであった。小学部の学級担任ゆえ、総則の解説を購入するよりも、教科の解説（当時は、指導書）を買っていた。だから、当時を思い出すと、総則の中身など覚えていない。読んでいないのだから当然であろう。

こうした経験から、役所に入ってからは、総則を猛勉強するとともに、「教科の中に、障害のある子どもへの指導上の配慮が書き込まれたらいいのにな。」と、窃かに思っていた。

それから、30年近くが経過している。その間、小学校等の学習指導要領が決定してから盲・聾・養護学校の学習指導要領を審議する形から、同時に両方を審議する形になり、小学校等の学習指導要領の総則に障害のある子どもの指導上の配慮や交流教育に関して書き込まれ、その後、小学校等の総則の解説において、特殊学級（現在は特別支援学級）や通級による指導の教育課程編成についても、説明されるようになった。

今回の改訂（小学校学習指導要領（平成29年告示）文部科学省）では、もう一歩進み、総則では、「第4　児童の発達の支援」において、「2　特別な配慮を必要とする児童への指導」のところで、特別支援学級における指導や通級による指導について、留意すべきことが述べられた。

さらに、念願であった、各教科等においても、「障害のある児童などについては、…困難さに応じた指導内容や指導方法の工夫を…行うこと。」と示された。具体的な工夫の有り様については、今後、各教科等の「解説」書において、それぞれの学習上の特色に応じて書き込まれるだろう。

これからは、例えば、小学校の学級担任等においても、一人一人の子どもの実態等に応じた指導の工夫が求められることになる。恐らく、そうした場合に、どんなふうに工夫すればよいかについて、すぐにイメージが湧くということは少ないのではないか。そうした場合には、特別支援学級担任や通級による指導担当の教員とのやり取り、あるいは特別支援学校の教員とのコミュニケーションが必要になる。

それで初めて、特別支援教育の専門性が広く理解されることになるのではないかと思う。子どもを仲立ちとした教員相互の関わりにより、指導内容・方法の工夫が、学校現場で、少しずつ進むことを期待している。

（平成29年6月号）

## 目玉は何か？

学習指導要領等の改訂作業が始まるころ、当時の課長から、「今回の改訂の目玉は何か？」と、調査官等に宿題が出される。障害児教育関係者の関心を集める事柄を探しなさいという指示でもある。

私は、四回ほど、改訂作業に関わった。最初は、平成元年10月告示の改訂に。4月に特殊教育課に着任したのだが、学習指導要領等の改訂作業はほとんど終わっていて、専ら解説の作成に携わった。当時の目玉は、幼稚部教育要領の制定だった。二回目は、最初から改訂作業に関わった。平成11年3月改訂の学習指導要領等である。このときの目玉は、養護・訓練を自立活動に改めたことであろう。それまで別々に開催されていた教育課程部会が、初めて、幼稚園、小・中学校、高校と盲・聾・養護学校が一緒に開催された。当時は、完全学校週五日制を控えており、当然の成り行きであった。全体会の席で、ある幼稚園関係の委員から、「今時、『養護』とか、『訓練』という言葉を遣うのは如何なものか。」とい

う発言があり、急遽、新たな呼称を考えることになった。それでできたものが「自立活動」である。「瓢箪から駒が出る」という成句があるが、まさにそれを地で行くような出来事であった。

三回目も最初から関わった。平成21年3月改訂の学習指導要領等である。このときの目玉は何か。そのころ、発達障害の子どもへの対応が話題になりつつあった。特別支援学校にもそうした子どもが在籍するというので、その子達に対しても適切な指導を行えるようにするため、自立活動の内容等の見直しを行った。また、具体的な指導内容の設定がしやすくなるように、解説の表現を具体的かつ分かりやすいものにした。

そして、最後は今回の改訂である。実際の作業には携わっていないが、特別支援教育部会の委員として参加させてもらった。それでは、平成29年4月に告示された学習指導要領等の目玉は何か。特別支援学校の分野に絞って考えてみると、私は、「知的障害者である児童（生徒）に対する教育を行う特別支援学校」の各教科（以下、「知的の教科」とする。）の見直しであると思う。なぜなら、これには、平成26年1月の、我が国における障害者権利条約の批准が影響していると思うからだ。

そこでは、インクルーシブ教育システムの構築が謳われていて、障害のある子とない子が、共に教育を受ける機会を模索する必要があるからである。交流及び共同学習の機会を活用するなどして、共に教育を受けるとなると、「何をどのように学ぶか」ということが課題となる。これは学習指導要領等における目標や内容と深い関連がある。こうした子ども達の学ぶ姿を想像して、特に、知的の教科を見直し整理した。これが、目玉だと私は思う。その上で、これからは子ども達の指導を担当する先生方の説明責任が問われる。「何ができるようになるか」、「何を学ぶか」、「どのように学ぶか」、「どのように支援するか」、「何が身に付いたか」についての説明だ。特に、知的障害教育においては「なぜ、こうした指導をするのか？」の説明が重要になる。例えば、「なぜ、合わせた指導か、なぜ、教科別の指導か」である。

（平成29年7月号）

# 個に即すること

６月末に、全国特別支援学校長会（全特長）の研究大会が開かれ、一日目だけ参加した。その際、私の印象に残ったことは、最後のコマで行われた全国高等学校長協会特別支援学校部会（全高特）での講演である。神奈川県の綾瀬西高校と足柄高校で校長を務められた笹谷先生が講師であった。

前者の高校は、文部科学省の研究開発学校の指定を受け、特別の教育課程を編成して指導を行った。いわゆる通級指導教室を設けて、特別支援学校の指導領域である「自立活動」を高校において教育実践した。平成30年度から始まる高校での通級による指導に資するための試みである。これもそれなりに興味のあることではあるが、私の頭に鮮明に残っているのは、後者の高校での取組である。

こちらは、県の指定を受けて、高校で知的障害の生徒を指導するという試みである。何度か口にされていたが、Ｂ１、Ｂ２の療育手帳をもっている生徒を入学させたとのこと。

しかし、研究開発学校ではないため、特別の教育課程は組めない。どうしたかというと、「学校設定教科・科目」を活用したという。それが、「ベーシック国語」、「ベーシック英語」だそうだ。ここまではよく耳にする話である。私が興味を惹かれたのはその後だ。新たな科目を設定することにしても、先生方は余り乗り気ではなかったとのこと。それはそうだ。「高校」である。先生方はそれなりの自負心がある。いくら生徒のためとは言え、易しい内容を教えることに、すぐには納得がいかなかったのだろう。そこで校長先生と教科担任とのやり取りが始まった。何度も腹を割って話し合うことで、ようやく新しい科目の目標・内容が決まり、具体的な指導へと進んだ。さらに、朝の始業前の補習や放課後の課外授業の実施、宿題等による家庭学習支援も考えた。すると、最初は乗り気でなかった当該生徒達が、しばらくして、休まずに出席するようになった。今後、その生徒達がそれぞれの進路を見つけ、無事卒業し、社会へ飛び出していくのを期待したい。

この話を聞いて即座に思ったことは、表現が適切でないかもしれないが、「先を越された！」である。高校の教師は、教科指導のプロであるから、生徒の実態に即して、いかようにも内容を砕けるはず。それに応えるかのごとく、生徒が自ら学びたいと思ったこと。生徒は、「分かること」に飢えていたのかもしれない。こんな教師側の姿勢と生徒側の思いが一致して、貴重だが当たり前の「学び」が成立したのだろう。

こうした「個に即すること」は、特別支援学校の専売特許と勝手に考えていた自分が恥ずかしくなった。子どもは一人一人違う。だから、それぞれの子どもに即した指導を地道に行うことの大切さを改めて思い返した。特別支援教育は、個に即した指導を追求する教育である。子どもが学ぶ場は、今後、ますます多様になる。それぞれの場でどのような指導を受けられるか、特別支援教育の質が問われる時代でもある。高校で学ぶか、高等部で学ぶか、それはそこでどのような教育が行われているかによって選択されるということでもある。個に即した（応じた）指導の質の向上を、様々な関係者が連携協力して追求していくことが、今、求められているのだと思う。

（平成29年8月号）

# 改訂の視点

特別支援学校の学習指導要領等が改訂され、7月にその説明会が開かれた。改訂に当たっては、トップダウンの視点とボトムアップの視点があると思う。

前者は、教育を取り巻く大きな流れの中での改善の視点である。今回の改訂であれば、カリキュラム・マネジメントやアクティブ・ラーニング、小・中学校等における特別支援教育の推進などの視点である。それでは、後者は何になるか。一つは、学校現場からの視点である。例えば、今回の改訂を機にどのような教育実践を可能にしたいか、そんなことが挙げられると思う。

自立活動の指導を特別支援学級やいわゆる通級指導教室で、より効果的かつ適切に実践できるようにしたいというのも、それに該当すると考える。

また、知的障害特別支援学校で用いられる教科についても同様である。特別支援学級で、より一層適切に活用してもらう必要がある。そんなことを考えていて、今回、「知的の教科（P・142参照）」を大幅に改訂した理由を振り返ることになった。

少ない経験だが、知的障害等の子どもを指導する特別支援学校の授業を見たことがある。そこで、気が付いたことが2点ある。

一つは、指導案に書かれた計画が全て終わってしまうと、まだ授業時間が残っているのに、指導を終了してしまう場面に何度か遭遇したことである。つまり、予定した活動をやり終えてしまったので、授業は終わりだという発想だと思った。目標も達成したというのかもしれないが、見方を変えると、目標が易し過ぎたのかもしれない。なぜ、その場で目標を高めたり、活動内容を工夫したりしないのだろうかと考えた。これは、二つ目のことに繋がる。

二つ目は、目標の設定と指導内容の設定に課題はないかということだ。本時のねらい、単元の目標、そして、教科の目標、学年の目標などをどれだけ緻密に設定するか。そして、それらと指導内容との関連をどれだけ有機的に保てるか。それが学校現場の課題でもあるように思う。だから、「知的の教科」を見直したと考えてはどうか。何も、小学校等の見直しに準じただけではないと考えたい。最初に述べたように、ボトムアップの視点からの改訂を考えることが大切だ。

知的の教育においては、これまで、授業における様々な「活動」が構想されてきた。ダイナミックなものもあれば、子どもの生活に密着したもの、興味・関心に即したものなど、これからも引き継ぎたいものがたくさんある。しかし、時代の流れの中で、十分吟味されずに形だけ受け継がれたものはないのだろうか。たまたま「単元学習」について調べていたら、アクティブ・ラーニングとの関連を述べた資料が幾つか見つかった。「活動あって学びなし」という言葉も出て来た。これらは、知的障害教育における生活単元学習と直接結びつく訳ではないが、改訂を機に改めて考えてみることは必要だと思う。「目標」と「内容」の関連をより密にしていくためにも。

（平成29年9月号）

## その子の分かる言葉で…

9月のある日曜日の早朝、目覚まし時計代わりにテレビのスイッチを入れた。すると、前にも見たことのある場面が映し出された。

知的障害のある高等部の生徒が勢いよく走り出す場面だった。

確か、6月にも放送され、それを見た記憶がある。そのときは、どこの特別支援学校だろう?誰がその才能を見いだしたのだろう?国際大会に出場して、メダルを獲得したんだ、そんなことが頭に残った。

今回、そんな記憶を引き出しながら、改めて眺めていて、今度は、別のことに刺激を受けた。新しい発見であった。

そのスプリンターの名前は、川上春菜さん。石川県立七尾特別支援学校珠洲分校の生徒であり、今春、卒業された。そして、5月にタイのバンコクで開かれた国際知的障害者スポーツ連盟(INAS)主催の陸上競技世界選手権大会に400メートルリレーのアン

カーとして出場し、銀メダルを獲得した。

その才能を見いだしたのは、珠洲分校の坂口教頭先生。体育の時間に彼女の走る姿を見て、「この子、走れる」と感じ、指導を開始したという。

彼女は、人との関わりが難しく、特に初めての人には鋭い視線を走らせる。言葉も少なく、練習の指示も伝わりにくい。両足跳びで、低いハードルをぴょんぴょん跳び越す動作をどうやって伝えようかと坂口先生は悩む。

先生は、陸上競技の指導経験は長いが、障害のある子どもへの指導は初めて。試行錯誤が続く。そのとき、ひょんなことから、「うさぎ、ジャンプ」と言ったら、それが彼女に通じたという。そこで、先生が気付いた。「その子の分かる言葉を遣えばいいんだ。」ということに。

練習の途中、〝全速力〟で走ることを伝えようと思うが、なかなか通じない。あれやこれや考えていて、「ウルトラ」という言葉に至る。「ウルトラ、ウルトラ」、「超ウルトラで走れ！」そんな言葉かけをしている場面が出てくる。併せて、必死で走る川上さんの姿も。

彼女は高等部卒業後、地元の福祉施設で働きながら、陸上競技を続ける。そして、リレーの日本代表に選ばれ、アンカーを務めることになる。しかし、第三走者からのバトンの受け渡しの要領がうまく理解できない。タイミングよく駆け出して、トップスピードでバトンを受け取るようにしたいと考えた先生は、始めは、「逃げろ！」という言葉を遣って指示していた。しかし、うまくいかない。その後、「ピュー」という言葉にしたら駆け出せるようになったという。

本人の努力、周囲の人たちの支えなど、彼女が活躍するための要因がある。しかし、今回見ていて印象に残ったことは、子どもの分かる言葉でこちらの意図を伝えるということ。当たり前のことだが、その言葉が見つかるまでには時間がかかる。もしかすると、根気の勝負かもしれない。でも、個々の子どもと通じ合える言葉は必ずあるはず。たくさんある中から、伝わり合える言葉を見つけたいと思う。それが分かってこそ、子どもの可能性を伸ばす第一歩になるかもしれないと思った

○「目撃！にっぽん選『走る～知的障害・陸上短距離 川上春菜さん～』」（ＮＨＫ総合、２０１７年9月10日）を見て

（平成29年10月号）

# 想像力を働かせよう

今、特総研では、第二期の特別支援教育専門研修が実施されている。発達障害・情緒障害教育専修コースと言語障害教育専修コースがそれぞれ開講され、11月8日の閉講式を目途に、研修員が日々の研修に励んでいる。

私も、時々だが、研修棟での講義をモニターで拝見しながら、頭の錆を落とすため、勉強している。

先日、自閉症の子どもの他者理解の話を聞いていた。心の理論については、久里浜特別支援学校にいたときに耳にした。私は聾学校しか経験がないので、とても新鮮に思えた。そして、「加齢による発達に伴い、心の理論理解は高次化される」という説明に興味を覚えた。併せて、自分の経験にある「立場の理解」と結び付けて考えた。聴覚障害の子どもに立場の違いによる思い、行動等をどうやって気付かせるか、苦労したことを思い出す。

講義の中の一例として、「相手の行動を見て、『緊張している』などと想像すること」が、心の理論理解の一つの手立てという話が出てきた。このことが私の頭に残っている。教育において、「思考力・判断力・表現力」などと並び、想像力が大切だと言われるが、もともと、日常生活における想像力が重要なのだと思う。

聾学校の経験として、「ある子どもがお休みをした。その際、『どうしてAちゃんはお休みしたと思う？』とクラスの子ども達に訊ねることが大切だ。」と、先輩から言われたことがある。「分からない。」と答える子もいれば、「熱を出したのかも。」という子もいた。「どうしてそう思うの？」と、続けて訊ねると、「だって、昨日、咳をしていたもの。」と理由を言ってくれた。

つまり、これは、相手の立場で考えることであり、見たことを元に自分なりに想像したことである。

心の理論を考えるにしても、立場の理解を考えるにしても、共通しているのは、「想像すること」ではないかと思う。

小学校等に上がり、教科学習に入れば、例えば物語文の中で、登場人物の思いや考えを想像しなければいけない。「かさじぞう」であれば、吹雪の中、雪をかぶって立っているお地蔵様の気持ちを想像しなければいけない。「ごんぎつね」であれば、山の恵みを兵十《ひょうじゅう》に届けたごんの気持ちを類推しなければいけない。こんなことをねらうためだと思うが、小学校学習指導要領国語科の目標には、「…思考力や想像力を養う。」と明記されている。想像力は、子どもだけの話ではない。大人の世界でも大切だ。「こんなことを言ったら、相手はどう思うだろう。」、「あんなことがあったけど、今はどんな気持ちだろう？」などと、日常生活で様々に想像を巡らすことが必要になる。「想像力を働かせよう。」と口で言うのは容易いが、実際に行動で示すことは大変だ。でも、子どものころから言われてきたこと、諭されてきたことを思い出してみよう。「相手の身になって考えてごらん。」、「なぜ、先生はあんなことを言ったのだろう？」いずれも、想像力がなければできないこと。だから、もう一度、それを働かせることの大切さを日々の生活から考えてみたい。

（平成29年11月号）

# 研究所公開の一コマ

今年の研究所公開は、11月11日に行われた。週の初めは雨の予報。しばらくして曇りになり、前日には曇り後晴れに。当日は、朝方の雨も上がり、午前中は風が強かったが、次第にお日様も顔を見せ、暖かくなった。

私の役割は、横浜高校野球部前監督の渡辺元智《もとのり》先生との対談。先生のご講演を受けて、短い時間だがやり取りをすることになった。担当の研究員からご著書である『もっと自分を好きになれ！』（青春出版社１９９９年）という本を借り、目を通して、何を話題にするか、事前に考えていた。

講演のテーマは、「愛情が人の心を育て、人を動かす」。野球部の監督として、高校生の心を掴むために苦労したこと、なかなか勝てずに逃避行に走ったこと、スパルタ式で鍛えることから会話重視の指導法へ移行したこと、違う分野の人の話を聞いて学んだことなど、具体的で飾り気のない事柄が、強い口調で語られた。甲子園で5回も優勝された監

督であることから、途中には、永川投手や愛甲投手、松坂投手などのエピソード。そして、最近、テレビ等を賑わしている筒香選手や倉本選手の話が盛り込まれた。

どの選手にも個性がある。その個性はみんなの中で光る。ワン・フォア・オール、人は支えられて生きる、そんな言葉が心に響いた。

対談の時間になった。私は二つのことをお聞きしたいと思っていた。

一つ目は、「選手の実力差をどう扱うか」という見出しの付いた小節に関して。先生は、監督として、大勢の部員の面倒を見る。野球に関してレベルの高い生徒もいれば、それには遠く及ばない生徒もいる。そんな中で、一度も試合に出られず卒業していく者もいる。そんな生徒たち一人一人をどんなふうに育てるのだろうかと思った。人数の多少に関わらず、個人差に応じてどのように関わるのだろうかと興味をもった。先生の答えは、個人差、能力差に応じた「個別の目標」を与えることの大切さ。それが教育であり、愛情だと付け加えられた。ご著書にも、こんな表現がある。「十把一絡げに『平等』を掲げるのは、欺瞞でしかない。あるいは生徒の個性を見ようとしない指導者の怠慢でしかない。」と。これは、個別の指導計画を掲げて、子どもへの指導の在り方を追求する特別支援教育にも通ずる言葉だと思う。

二つ目は、ご著書の表題でもある、「もっと自分を好きになれ！」について。自己肯定感などの言葉が話題となる特別支援教育において、子ども達がもっと自分を好きになるためには、どうすればいいいかを訊いてみたかった。

簡単に答えられる話ではないという前置きの後、ある教え子の話をしてくれた。エラーをしたことをさんざん応援団の人たちから責められ、先生自身も拳を握りしめて叱ろうと思っていたが、泣いて悔しがる本人の前では責めることができなかった。そして、「次の打席で打てばいいい。」と思わず口走ってしまったという。そうしたら、その選手がホームランを打ってしまった。

子どもとの会話の大切さや言葉の重さに気付かれたそうだ。

最後に、子どもは様々な可能性をもっている。だから、それを伸ばすのが教育の仕事だと締め括られた。たくさんの教訓をいただいた時間であった。

（平成29年12月号）

# 能動学習

昨年の3月及び4月に公示された新しい学習指導要領等の改訂に当たり、アクティブ・ラーニングという言葉が取り上げられた。この言葉を初めて聞いたときに、私は標記の言葉を思い浮かべた。アクティブは「能動的なこと」であり、ラーニングは「学習すること」であるからか。

実は、聾教育においては、昭和の初めに、当時の言語指導の考え方として、能動主義学習論が提唱され、それを縮めた表現として能動学習が話題となった。その内容については、大阪府立聾口話学校（現在の大阪府立生野聴覚支援学校）が、昭和12年に発行した聾唖教育第42号に掲載されている。

新学習指導要領においては、アクティブ・ラーニングが、「主体的・対話的で深い学び」と表現されている。より分かりやすくするための工夫であろう。従前、聾教育においては、言葉の習得に集中する余り、言葉を身に付けさせることに終始したことがある。その中で、子どもが生活の中で言葉を主体的に遣えるようにする必要があるという課題が見いだされ、能動学習が提起された。今回の改訂においては、生きる力を育てるためには、子どもの問題解決的な学習や体験的な学習を進めるとともに、子どもが主体的・対話的に学び、得たことを実際に生かせるようにすることの重要性が指摘された。

いずれにしても、80年ほどの歳月を経て、同じような言葉が取り上げられたことに不思議なつながりを感じた。

新しい年を迎え、気持ちも新たに、これからの特別支援教育を創造していくためには、「故きを温ね新しきを知る」ことが大切な気がする。その際、大事にしたいことは何か。自分なりに言葉をかみ砕くことではないかと思う。

例えば、「アクティブ・ラーニング」が、「主体的・対話的で深い学び」に置き換わった。後者を使えば、果たして自分の身の回りの人にその内容が正確に伝わるものであろうか。言葉は、そんなに容易なものではないと思う。どんな意味を含んでいるか、その意味が共有できているかなどの確認が必要である。特に、「深い学び」をどのように伝えるか、それに苦心したい。そして、特別支援学校の子どもの実情に即した「深い学び」を考えたい。

小・中学校で説明されている、各教科等の特質に応じた見方・考え方を身に付けさせること、それを基本としつつも、特別支援教育においては、子どもの実態に応じた「見方・

考え方」がどのようなものか、各担任が目の前の子どもの実態に即して、具体的なイメージをもち、確認し合うことが必要だ。

また、「主体的・対話的で深い学び」、それは、子どもに身に付けさせたいことでもあるが、先ずは、一人一人の教師の姿勢として大切にしたいことでもある。つまり、教師自らが、先ずはそれを体験しながら、実感をもって個々の子どもに即して、身に付けさせたいものだと思う。

新学習指導要領等の趣旨の実現のためには、教師相互の「主体的・対話的で深い学び」の追求が必要である。自らの意志で、しかも独善的にならないよう、人との関わりの中で確かめつつ、個々の子どもに即した学びとは何か、教師自ら探求し、かみ砕きたいものである。

（平成30年１月号）

# 寄り添うことから

新年早々、今年度第3回目の高等学校における通級による指導（以下、高校通級とする。）に関わる指導者研究協議会が2日間の日程で開かれ、平成30年1月10日に終了した。この4月から高校通級が始まるというので、それに関わる高校の先生や教育委員会の指導主事の方々に、今年度は、2日間ずつ3回にわたり、特総研で研修をしていただいた。こうした分割型で研修を行うのは、特総研としても初めての試みであったが、参加者の利便性を考えると、こうした形での研修が有益で今風なのかもしれない。1月初めということから、例年行われる第三期特別支援教育専門研修との兼ね合いもあった。それで、早めに開催し、4月以降の高校通級実施のため、各自が具体的な準備がしやすいようにとの配慮もあった。ともかく、研修が終わり、いよいよこれからが本番である。

通級による指導は、平成5年1月に制度化され4月から施行された。しかし、通級による指導に似た形態での指導は、昭和30年代に小学校等に特殊学級が設置され始め、その後

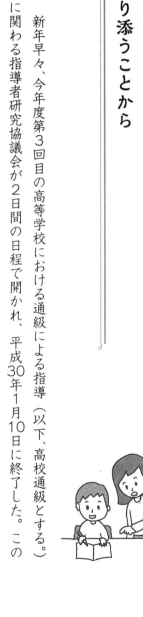

全国に設置された言語障害特殊学級で見受けられるようになった。言語障害の子どもは、発音・発語などに課題のある子ども達である。教科指導等に大きな課題がある訳ではない。だから、通常の学級で教科指導等を受け、特殊学級で言葉に関わる専門的な指導を受ける形が見られるようになった。それが通級による指導の原型である。その後、30年ほどの紆余曲折を経て、平成5年に通級による指導として教育制度が実現した。

高校通級はどうか？小学校等の通級ほどの実績はない。保護者や生徒自身からの要望も、小学校等の通級ほど強いとは言えないと思う。こちらは、発達障害の生徒の顕在化とそれへの対応が制度化の要因であろう。平成19年に特別支援教育が始まり、高校における特別支援教育の充実が課題となった。高校への進学率が上昇し、そこに様々な実態の生徒が在学するようになった。中途退学者の減少などを目途に、高校において個々の生徒に即した指導の在り方が模索されるのも、当然の結果だと思う。そうして、発達障害等の生徒達への高校通級が制度化されることになった。

小学校等で行われてきた通級による指導と同様の位置づけであることから、特別支援学校の指導領域である「自立活動」の指導を行うことになる。高校の先生方にとって、自立活動などという名前を聞くのも見るのも初めてのことで戸惑いも大きいと思う。またどんな生徒を対象にするか、どうやってその子達を通級の場に導くか、それも悩みの種であろう。ましてや高校には特有の〝文化〟もある。選抜制で入学してきた生徒達ゆえ、年齢からしても自ら学ぶのが当然であるという見方もあろう。今後、高校通級を浸透させていくためには何が必要か？それは、生徒に寄り添い、そこから生徒個々の思いや課題を把握して指導を組み立てていくことか。中学時代の経験や高校入学後の不安、友達関係、自分に対する思いなどを語りながら、先生と生徒との関係づくりが基本になる。当然、年齢相応の関わりが大切であり、手間がかかるものであろう。決して、「はじめにソーシャル・スキル・トレーニングや教科の補習ありき」ではないことを肝に銘じたい。

（平成30年2月号）

# 発問の工夫

2月の初めに、よそで話す機会があった。特別支援教育や新学習指導要領等について、学生や小・中学校の先生方等向けに説明した。最後に、特別支援教育を進めるためには、日々の授業実践が大切であることを述べた。

質疑応答の時間に、ある学校現場の先生から次のような質問を受けた。

「今、授業の中で、『振り返り』が大切だと言われています。」、「それで、『(今日の授業、)どうだった?』と発問して、振り返りをしています。」、「振り返りの発問として、どう思われますか?他にいい発問がありますか?」と。

私が、自分の経験として、聾学校時代の発問について触れたので、それがきっかけだったのだと思う。

発問は子どもの思考を導くもの。だから、子どもの立場になって、「今、子どもに何を考えさせたいか」と、授業中の場面場面で頭をひねったことを思い出す。発問の工夫はおもしろいことでもあるが、なかなか容易なことではない。

確かに、今、「授業の振り返り」が話題となっている。特別支援学校でも、授業の終末にそうした時間が設けられている。ホワイトボードや掲示物、ときには、録画したビデオの再生等を通じて、子どもにその時間の活動を振り返らせたりしている。例えば、小学部高学年の授業であれば、その際の発問は何か？やはり、「今日の勉強はどうだった？」と、私も訊ねると思う。そして、子どもの反応に応じて、細部を訊ねるだろう。「どこがおもしろかったの？」、「何が分かったの？」、「どうしてそう思ったの？」などと。だから、導入の発問としては、「どうだった？（どうでしたか？）」が重要な役割を果たすと思う。そして、「どう？」というのは、子どもにとっては嬉しい発問でもある。どうしてかというと、何を答えても、間違いにはならないからである。先生に間違いを指摘されないからこそ、次を考えようとするのだろう。その意味で、この「どう？」（HOW）という発問は、大切だと思う。

5W1Hと言われる。発問は、これらのいずれかに、ほぼ該当する。だから、「誰？」と訊かれたらどう答えるか、「どこ」や「いつ」と訊かれたらどう答えるかが、子どもの中で理解されていないと、発問に答えて、授業を進めていくことはできない。子どもの考えを導いていくことは難しいと思う。

それでは、最初の話に戻ろう。ある先生の質問に、私はどう答えたか？　聾学校での先輩の教えが頭に浮かんだ。「授業で５Ｗ１Ｈの発問に答えられるようにするためには、『生活』の中で、５Ｗ１Ｈの問いに答えられるようにしておかないといけないよ。」と、何度も言われたことを。

給食を食べた後に、「今日のおかず、どうだった？」と訊ねたり、遠足の翌日に、「昨日の遠足、どうだった？」と問いかけたりして、「どう？」に対して、どのように答えればいいのかが、子どもに理解されていないと「会話」にはならない。会話や対話は、話す者同士でつくっていくものである。

結局、「『どう？』という発問がいいとか悪いではなく、日常の生活や遊びの中で、『どう？』に答えられるように練習しておく必要があると思います。」と回答した。発問の工夫も日々の生活から。そう思ってほしいのだが…。

（平成30年３月号）

# 第5章

# 平成30年度

# 確かな育ち

3月中ごろ、隣の久里浜特別支援学校で、平成29年度の卒業式が開かれた。幼稚部の修了生6名と小学部の卒業生4名が、それぞれ幼稚部や小学部を巣立っていった。小学部の4名のうち2名は、私が以前校長をしていたときに一緒に過ごした子ども達である。ちょうど幼稚部の年中組のころから小学部の1年生にかけての3年間だった。

この8年間で、二人の子ども達はどのように成長したのか。それを考えながら、卒業式を眺めていた。二人の男の子をA君、B君としよう。

久里浜特別支援学校は、知的障害と自閉症を併せた子どもを対象としている。A君は、それらに併せて、片方の目も見えにくく、運動会で細かな砂利の敷いてある運動場を走るのが苦手だった。それゆえ、担当の先生がビニルの丸いマットをA君の前に置き、それを踏ませながら前進させようとしていた姿が目に浮かぶ。どうすれば一歩ずつ足を踏み出せるか、当時、悩み悩み先生達が試行錯誤していたことが懐かしい。そのA君は、小学

部の高学年になり、ピアノを弾いたり木琴を叩いたりして、演奏することに興味をもった。譜面を見て演奏するというよりも、頭にある音を再現しているという感じだ。卒業式では、校歌を空で演奏していた。彼の好きなことが見つかった証だ。

一方、B君はどうか。幼稚部のころの写真が見つかった。当時の一学期か二学期の終業式で使用したスライドである。そこには、紙粘土で自分の好きなものを制作しているところが写っていた。顔には、少しだが笑みが浮かんでいた。小学部に上がり、1年生のころ、よく校長室に遊びに来た。担任の依頼で本人を連れて、一緒に特総研のグラウンドや宿泊棟の周りを散策した。高いところから景色を眺めることに興味があったので、研究管理棟の屋上から海を眺めたりもした。後で、散歩の様子を描いてくれた絵をもらったこともある。彼は、クレヨンしんちゃんの口まねをするのが好きだった。

その後、私も職場を異動してしまったので、身近に接することは少なくなった。授業参観でお邪魔して、授業の様子を拝見するくらいに…。

そして、このたびの卒業式である。B君は身体も大きくなり、お母さんや元担任をすっかり追い越している。木琴の演奏も表情は乏しいが上手だ。卒業制作で前庭にピザ釜をつくっていたが、つなぎの作業着姿で、友達と一緒に黙々と作業していた。

二人に出会ってから8年が経過した。私が知っているのは、始めと終わりだけである。

途中は様々な紆余曲折があったことだろう。でも、確かに成長している。走らなかった子どもが自ら走り、壇上に独りで上がれた。そして、好きな曲の演奏ができるように。紙粘土やお絵かきが好きだった子どもが喜んでピザ釜づくりの作業に取り組んだり、木琴の演奏をしたりできるように。

知的障害に自閉症を併せた子どもの成長はすぐには見えない。聾学校の子どもよりも長いスパンで子どもの変化を眺める気長さ、細かなところの成長に気付く観察力が教師には求められる。事例研究を通して、確かな育ちを見いだし、広く発信すること。それは、教育の可能性を示すことでもある。

（平成30年4月号）

# 想像すること

ある日曜日に、東京の家から久里浜に向かう途中でのことである。横浜まで乗り換えなしで行けるという便利さから、副都心線に乗った。休日で出かける人が多かったせいか、いつもよりも車内は混んでいた。渋谷を過ぎるころには、席にかけられることが多いのだが、その日は空かなかった。すると、近くの座席の方から、手を叩く音や足で床を踏みならす音が聞こえてきた。時々、大きな声も聞こえた。「誰か、混んだ車内の状況に馴染めず、パニックでも起こしているのかな？」と思った。そちらの座席を人混みの間から眺めてみると、成人の障害のある方と思われる人が、付き添いの方と一緒に乗車していた。私と同じように一本で行けるということから、副都心線、東横線を使って、グループで横浜方面へ出かけるところだと推測した。

私の目の前の席では、息子さんと思われる男の方にお父さんが寄り添い、足をブラブラさせないように自分の足を伸ばして押さえ、さらに、息子さんの片方の腕を、お父さんが手でしっかり握っていた。

最近、障害のある方を街で見かけることが多くなった。いいことだと思う。もっと気楽に外出できるようになるといいと思う。

こんなとき、周囲の人はどんなふうに思うのだろう。奇声を上げることを自然なこととして受け止めるためには、経験するとともに、なぜかを想像できる余裕が必要だ。お父さんが、一言、「足をブラブラさせないでね。」と息子さんに声をかけてくれれば、私達も、もっと想像しやすいかもしれない。

ふと、これから共生社会を創っていくためには、何気ないことを「なぜ?」と想像する、日々の努力が欠かせないのではないかと思う。

想像するためには、先ずは、気が付かないといけない。そして、身近なことについて、「どうしてか?」と考えることが必要になる。

「こんなことを言ったら、相手はどう思うかな?」、「隣の人が慌ただしく動いているけど、何かあったのかな?」、そして、「何か手伝うことは、ないかな?」と考えられれば、自然と協力することができるのではないか。

前日の雨風で、窓が汚れている。「来週は、長期の研修員が来所する。きれいにしておいてあげようか?」というのも、気配りであり、思いやりである。

聾学校では、子どもとの関わりの中で、「相手の立場になって考えよう！」ということを子どもに気付かせるのが難しかった。ごみが廊下に落ちていても、「私が落としたのではありません。」と言って、拾ってもらえないこともあった。結局、先生がやってみせることが大事だと思い、自分で拾ったが…。相手の立場になって想像すること、それは、思いやりにもつながる。そして、協力や互助にも結びつく。

障害があるからどうのこうのではなく、「人として、こう思う」、「人として、こんな行動ができる」ということが、今、求められているような気がする。

その元になるのが、「想像すること」ではないか。そして、これは人に言われてやることではなく、人と人との関わりの中で、自分で身に付けていくことかもしれない。身の回りのちょっとしたことに、想像の翼を広げたい。

（平成30年5月号）

# 特別支援教育　第18号

5月の連休明け、例年通りに特別支援教育専門研修が始まった。第一期は、発達障害・情緒障害・言語障害教育コースである。名称から推測できるように、小・中学校の先生方の参加が多い。全員で72名の受講者のうち、小学校の先生が37名、中学校が11名である。特別支援学校の先生が19名で、高校の先生が4名ゆえ、小・中学校にお勤めの先生が3分の2を占める。こうした先生方に如何にして特別支援教育の理解を図るか、あるいは担当している子どもの指導・支援に役立つ知見を提供するかが、このコースの命題になる。

専門研修の初めに、私が話をする時間が設けられている。最近では、私の、学校現場での拙い経験を元に、先生方に「教えるということ」について考えてもらうようにしている。それは、私が聾学校の現場で子ども達に教えることに悩んでいたときに、ふと見つけた本に由来している。大村はま先生の『教えるということ』（共文社１９７３年）という本であった。それは、今、ちくま学芸文庫から『新編　教えるということ』（筑摩書房１９９６年）

として復刊されている。

理事長講話では、そんな経験を話すことにしているのだが、大村先生が中学校の国語の先生であったことから、小・中学校の先生が多く参加されるこのコースが、ある意味、話す私と聞いてくださる先生方との〝共感〟が肌で感じられる時間でもある。同じ悩みで試行錯誤していることがうかがえるひとときでもある。

学校現場での話から、行政での話に進み、いつも話題にするのが、標記の季刊誌「特別支援教育」の編集等に係るプロセスである。本誌は文部科学省の特別支援教育課で発行している理解啓発誌であり、指導誌でもある。たまたま、私が平成17年の第18号の企画編集の担当になった。巻頭言を誰にするか、何を書いてもらうかが、企画の際の最初の話題になった。当時は、特別支援教育への移行の時期である。枠組みや体制づくりが特集として取り上げられていた。確かにそれも大切だが、教育としての中身も忘れてはならないと考えた。そこで、学校現場での経験を思い出し、大村はま先生に巻頭言を書いてもらおうと思った。伝手をたどって、ようやくご本人にアポイントメントを取り、インタビューをさせていただき、それを書き起こして巻頭言にさせてもらうことになった。初めは、障害のある子どもへの指導経験などないということで、なかなか引き受けてもらえなかったが、中学校にも様々な子どもがいる。その中で、先生の印象に残っている子どもさんへの指導の工夫を聞かせていただくことで了解を得た。

書き起こした文章を何度もお読みいただいたようだが、先生の思いが十分まとめられていないというので、先生は、「優劣のかなたに」という自作の詩を届けてくださった。併せて、先生が亡くなられたという訃報も届いた。

そんないわれのある冊子が、標記の季刊誌である。もう10年以上も前の話である。詩は、専門研修の受講者には紹介するが、解釈は自分でしてもらうことにしている。それぞれの先生が自分の経験と照らし合わせながら、子どもとの関わりや教えることについて考えてほしいと思う。そして、自分なりの「実践」に生かしてほしい。


（平成30年6月号）

# 優劣のかなたに

大村　はま

優か劣か
そんなことが話題になる、
そんなすきまのない
つきつめた姿。
持てるものを
持たせられたものを
出し切り
生かし切っている、
そんな姿こそ。
優か劣か、
自分はいわゆるできる子なのか
できない子なのか、

そんなことを
教師も子どもも
しばし忘れて、
学びひたり
教えひたっている、
そんな世界を
見つめてきた。

学びひたり
教えひたる、
それは　優劣のかなた。
ほんとうに　持っているもの
授かっているものを出し切って、
打ち込んで学ぶ。
優劣を論じあい
気にしあう世界ではない、
優劣を忘れて
ひたすらな心で　ひたすらに励む。

今は　できるできないを
気にしすぎて、
持っているものが
出し切れていないのではないか。
授かっているものが
生かし切れていないのではないか。

成績をつけなければ、
合格者をきめなければ、
それはそうだとしても、
それだけの世界。
教師も子どもも
優劣のなかで
あえいでいる。

学びひたり
教えひたろう
優劣のかなたで。

『季刊特別支援教育18号』文部科学省、東洋館出版社（２００５年７月）

# 放課後等デイサービス

6月の初め、今年度の特別支援教育担当者会議が文部科学省で開催された。お昼をはさんで、前半は、文部科学省の行政説明が行われ、後半は、厚生労働省の障害者施策に関する担当課の行政説明がなされた。

一日、話を聞かせていただきながら、頭に浮かんだことを述べてみよう。

以前は、厚生労働省の様々な施策は、「参考」という印象が強かったが、今は、密接に関連していると思う。放課後等デイサービスや医療的ケア、就労支援等がその例として挙げられる。ここでは、最初の事項について考えてみたい。

毎日、下校時刻になると、賑やかな声が聞こえてくる。隣の久里浜特別支援学校の子ども達や先生、迎えに来たヘルパーさん達が挨拶を交わす声である。時々、学校現場が懐かしくなり、下校風景を眺めさせてもらう。子ども達の笑顔とともに、最近気が付くのは、ヘルパーさん達の車の数が増えていることだ。学校の前庭などにある駐車スペースを埋め

尽くすほどだ。こうした状況は、先日の厚生労働省の説明を裏づける。平成24年に児童福祉法の改正が行われ、障害児の支援を強化するため、障害種別で分かれていたサービス体系を、通所・入所の利用形態の別により一元化した。そして障害児通所支援の一つとして、「放課後等デイサービス」が新たに位置づけられた。

その支援の内容は、「授業の終了後又は学校の休業日に、生活能力の向上のために必要な訓練、社会との交流の促進その他必要な支援を行うもの」とされている。そして、このサービスを利用する保護者の方々は、年々増加しているとの話であった。隣の学校の子ども達の下校時刻に、ヘルパーさんの迎えの車が増えているのも、宜なるかなと思った。

以前、私が文部科学省で仕事をしていたころに、課題として挙げられていたのは、下校のスクールバスの発車時刻をいつにするかということだった。つまり、学校の授業時間を確保するために、少しでも、遅らせられないかということだった。しかし、スクールバスの台数には限りがある。交通渋滞等で長時間、子どもを乗車させておく訳にもいかない。かといって、授業時間を減らす訳にもいかない。そんなジレンマが学校現場にはあったと思う。

特に、小学部の高学年ともなれば、授業時数が増える。放課後の活動も計画し、いろいろなことを指導したい。でも、スクールバスに乗せなければいけない。そんな訳で、先生方は時間割の編成にも苦心していた。

今、特別支援学校における個別の指導計画や個別の教育支援計画の作成は、当たり前のことになった。こんなときに考えたいのは、学校だけで子どもを育てるのではないということ。つまり、地域の資源をうまく活用して、社会全体で子どもを育てるという視点だろう。個別の教育支援計画を利用することも大切だが、先ずは、放課後等デイサービスを行っている事業者やヘルパーさんと学校の先生、そして保護者との「コミュニケーション」である。

それが意味のあるものとなるよう、個別の教育支援計画の利活用も含めて、関係機関の連携・協働が求められていると思う。協力関係がうまくいっている事例の紹介、そのコツなども共有していきたいものである。

（平成30年7月号）

# 深い学び

7月の半ば、今年度の第一期特別支援教育専門研修が閉講式を迎えた。5月から始まった2か月間にわたる宿泊研修が終了した。

実は、開講式の折、まだ緊張感や不安感が見受けられる72名の研修員に、一つの宿題を提示していた。

「今回の学習指導要領の改訂においては、『主体的・対話的で深い学び』の実現が話題となっています。そこで、この研修の間に、受け持っている子どものうち、例えば、『Aさんにとっての深い学びとは何か？』を考えてみてください。」と。そして、「『深い学び』は、子ども一人一人によって、異なっていいと私は思います。個々の『深い学び』を考えることに意味があると思っています。」と、付け加えた。

閉講式の折、研修員代表のお礼の言葉に、その先生の「深い学び」に対する考え方が述べられていた。2か月も前のことを覚えていてくださったことに嬉しくなった。

宿題を出すだけで、何も回答しないというのでは申し訳ないと思い、実は、自分なりの考えをまとめていた。それを閉講式では述べさせてもらった。

新学習指導要領の解説書が発刊され、そこでは、「主体的・対話的で深い学び」の説明がなされている。特に、「深い学び」については、各教科等の特質に応じた見方・考え方を身に付けることの大切さなどが記されている。それを読みながら、以前、自分が聾学校で受け持っていた子ども達を思い浮かべた。小学部の児童だったが、様々な実態の子ども達であった。教科指導がスムーズに行える子どももいれば、先ずは日々の生活で使える言語力を育てなければならない子どももいた。入学間もないころ、転んで泣いているその子に「どうしたの？」と訊ねても、「転んだよ。」、「痛いよ。」などと表現することが難しい子であった。その子に対する深い学びとは何か、そんなことを考えていて、ふと思った。深い学びは、自分なりに生きていけるように学んだことを生かす術を身に付けること。結局、学びの質を変えることでは。だから、各教科等の見方・考え方を身に付けるためのベースとなる言葉の力を育てることも深い学びの第一歩だと。

閉講式で研修員に伝えたかったことは、受け売りで分かった気にならず、子どもに即して、「深い学び」とは、その子がどうすることかを、自ら具体的に追求してほしいということ。受け持ちの先生がその子をよく知っている。それが当たり前のことであることを自覚してほしいということ。

私が子どもに関わっていたころは、生きる力も深い学びも話題に上らない時代だった。でも、「その子が社会でどのように生きていくか、そのために、今、何が必要か。」それを一生懸命考えていた。言葉の奥にある〝真意〟、〝目指すもの〟、それは時代を超えて不易なのかもしれないと思う。

第一期特別支援教育専門研修の半ばに起きた大阪府北部地震、そして終了間際に起こった西日本豪雨。被災された方々や関係者の方々に心からお見舞いするとともに、亡くなられた方に心からお悔やみ申し上げます。

（平成30年８月号）

## 実践報告

学校が夏休みに入り、7月の終わりから8月にかけて、特総研でも様々な研究協議会などが予定されていた。子どもにとっては、待ちに待った夏休みだが、先生方にとっては、自分なりに研鑽を積む絶好の機会である。しかし、今年は台風の襲来等で予定されていた研究協議会が中止になるなど、思いがけないことがあった。それでも、幾つかの催しに顔を出す機会があり、そこで、改めて思い起こしたことがある。学校現場にいたころ、耳に胼胝《たこ》ができるくらい聞かされたことを。「事例研究の大切さ」についてだ。

ここのところ、毎年、盲ろう教育の研究会が、本研究所を会場として開催されている。そこでの実践報告を聞いた。鹿児島県の離島で盲ろうの子どもが生まれた。その子が1歳のころであろうか、テレビで取り上げられた。専門的な指導・支援をどのように提供するかという問題提起である。その後、その子と保護者は、鹿児島市にある視覚障害者を教育する特別支援学校へ定期的に通い、相談をするとともに、指導・支援を受けた。全国盲ろ

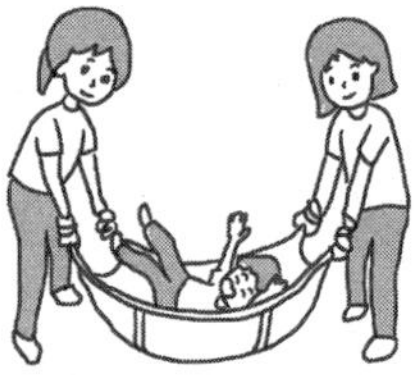

う教育研究会の方々も、定期的に離島を訪ね、家庭での関わり方について、直接、指導・支援をした。その子の相談や指導を担当した先生は、5年間にわたり、関わりの記録をとり続けた。この4月、離島にある特別支援学校の小学部1年生になったとのことである。

つまり、5年間に及ぶ関わりの記録を実践報告として、この夏の研究会で発表した訳である。まさに試行錯誤の連続である。記録していた映像を適宜盛り込み、指導の流れが紹介された。私が共感したのは、子どもの思いを必死で想像しているところだ。それが見事に当たるときもあれば、外れるときも。その姿は、「子どもから学ぶこと」と言い換えることもできよう。子どもの小さな反応から、様々なことを類推している。意思疎通の成立が、徐々に多くなっていく。5年間という歳月は、子どもと担当する先生の間に確かなつながりを形成する。そんなことが分かる実践報告だった。

私が、昔、勤めた聾学校の小学部は、担任が3年間持ち上がることを原則としていた。高学年を二度、そして低学年を二度、それぞれ3年間ずつ担任した。持ち上がりはいいこともあるが怖いこともある。それは、自分の考えが子どもにしっかり伝えられる反面、自分の〝色〟も子どもに反映してしまう。でも、3年間じっくり子どもと付き合えることは、自分にとっていい勉強でもあった。あるとき、先輩から「3年間指導しても、なかなかうまく育てられないこともある。そんな事例を紹介してみては？」と言われた。それで、

3年間の指導経過を事例研究としてまとめたことがある。あれやこれやと苦心しても、なかなか子どもの言語力を伸ばすことは難しいという事例だった。それを通して、指導の難しさと醍醐味を体験することができた。その子とは、今は年賀状でのやり取りしかないが、家庭人として幸せに暮らしている。

指導事例は、学校現場だからこそまとめることのできる研究である。うまくいったことばかりではなく、なかなか思い通りにいかない実践事例についても、事例研究として実践報告することが大切だし、それを積み上げていくことが、回り道かもしれないが、今、特別支援教育において求められていることのような気がする。

（平成30年9月号）

# 「対話的」な学び

新しい学習指導要領等の改訂に当たっては、アクティブ・ラーニングが話題となり、それが「主体的・対話的で深い学び」と表現された。より的確に意図する内容がイメージできるようにするため、また、多くの人が共通理解しやすいようにするため、このような表現になったと、私は解釈している。

さて、深い学びについては、メールマガジン第１３７号のＮＩＳＥダイアリー（Ｐ．１８３参照）で触れた。ここでは、「対話的」の捉え方について考えてみたい。

今、特総研では、第二期特別支援教育専門研修が行われている。その様子を、時々、眺めながら、昔、私が聾学校に勤めていたころの失敗談を思い出した。小学部の担任に成り立てのころ、研究授業でのことである。発問が大事だということで、あれこれ工夫をしつつも、ついつい、次から次と発問を繰り返してしまった。すると、事後の授業研究会の折、「矢継ぎ早の発問では、子どもが自ら考える時間がないよ。」と注意された。「『目は口ほど

に物を言う』とも言われるよ。もっと子どもの表情を読み取らないと…。」とも。

今、主体的・対話的で深い学びが話題となっている。だから、対話的な授業を模索するためには、発問も重要であろう。子どもの考えを引き出すために。しかし、「なぜ?」、「何?」、「どんなこと?」、「どうして?」と間髪を容れずに質問しては、子どもは考える気にはならない。結局、子どもから、「分かりません。」の言葉が返ってきたことを思い出す。しかも、1人だけではなく、2人、3人と続けて。そんな様子を眺めていた先輩からは、「3人も『分からない。』という回答が返ってきたら、それは子どものせいではないよ。発問が悪いのだよ。」とのアドバイス。さらに、「子どもに考える時間も与えず発問するのは、愚の骨頂だ!」という忠告も。こんな思い出と結びつけて、「対話的」の解釈が重要であることを改めて思った。「対話的な学び」を契機に、私と同じような失敗が、今、学校現場で見られないことを願う。

「対話的」とは、次から次へと質問をして、子どもに考えさせることを意図しているのではない。先生が発問をしたときに、子どもが自ら考える時間を設け、少なくとも、先生は子どもの反応を見ながら、次の対応を講ずるものだ。無理矢理答えさせることでは、考える子どもは育てられないと思う。「対話的な学び」においては、先ずは「相手のことを推察すること」が求められよう。それがあって、初めて、「やり取り」が成立するように思う。

実は、解説の中では、「対話的な学び」が次のようにまとめられている。「子ども同士の協働、教職員や地域の人との対話、先哲の考え方を手掛かりに考えること等を通じ、自己の考えを広げ深める」ことと。私は、前段は勿論のことだが、後段の「先哲の考え方」に留意したい。これは、簡単に言えば、書物を通して対話することである。本を読んで作者や登場人物等の考え方を受け止め、考えることである。聴覚障害の子どもにとっては、読むことが正確な知識や考えを知る絶好の機会である。前述の失敗を機に、私は読める子どもを育てたいと思うようになった。

対話は、目の前の人ばかりが相手とは限らない。そして、対話するためには、相手の気持ちや状況等を想像することが、先ずは求められるのではないか。

（平成30年10月号）

# 運動会の案内状

隣の学校（筑波大学附属久里浜特別支援学校）から、運動会の案内状が届いた。

実は例年と異なる方法で。これまでは、事務職員を経由して、封書が届けられたり、担当の先生が、直接、封書を届けてくれたりしていた。

今年は違った。前もって6年生の担任から電話が来て、「子どもが案内状を届けにうかがいたいので、いつがいいですか？」と問い合わせがあった。そして、約束した時間に、子ども達が部屋を訪れ、直接、案内状を手渡してくれた。同じように約束をしていた理事と、私の部屋で一緒に応対をした。

6人の子ども達のうち、3人は、私が、以前、久里浜に勤めていたときは幼稚部に在籍していた。早いもので6年生になっていた。残りの3人は、小学部1年生の時に入学して来た子ども達である。

一人の男の子が、「見に来てください。」と言いながら、案内状と簡単な手紙を渡してくれた。６人の中の、ある元気のいい子に、「幼稚部のころ、覚えている？」と訊ねたら、「はい。」とのこと。人との関わりが難しい子だったが、その日は機嫌がよかったのか、答えてくれた。つい、「お兄ちゃんは何年生になったの？」と訊ねてみた。「中学２年生。」とのこと。受け答えも上手になった。初めての部屋で、みんなきょろきょろしていたが、椅子にかけ、立派に役目を果たすことができた。

こんな出来事を通して、子ども達に経験させることの大切さを考えた。

「こんなことをさせたらできるだろうか？」、「相手に迷惑をかけないだろうか？」と大人は心配する。そして、ついつい、「やめた方がいいか。」となってしまう。それでは、子どものもっている可能性を伸ばせないと思う。体験させるにしても、子どもを知っていれば、どのような準備をして、どのような順序で話したり行動させたりすればいいかが見つかるはず。それが大切だと思う。ただ、経験させればいいというのでは、指導にはならない。経験させるための準備が必要になる。それが想像することだと思う。「こうすれば、この子は言える。手渡せる。落ち着いていられる。」などと、考えることが必要になる。

そして、こうしたことは、学校側だけの課題ではない。子ども達を受け止める私達（研究所などの相手）の問題でもある。障害のある子ども達の教育を考える私達にとって、こうした子ども達に実際に触れ合うことが大切である。交流及び共同学習は、学校だけの課題ではない。社会においてこそ、そうした機会が必要だと思う。

特総研では、今年から就業体験を希望する高等部の生徒の受け入れを始めた。そのきっかけは、隣の学校との話し合いの中で生まれた。今、2回目の受け入れを検討している。様々な課題に直面しながら、特総研としての受け入れを、せっかく来てくれる生徒達の役に立つものにしていきたいと思う。また、特総研では、障害のある方の雇用にも努めている。

特総研は、実際的な研究を総合的に行うことを目的の一つとしている。それを果たすためには、障害のある子どものことを直に知ることが、先ずは必要だと思う。

（平成30年11月号）

# 第二期特別支援教育専門研修の閉講式

11月9日に第二期特別支援教育専門研修（知的障害教育コース）が終了した。9月5日からの2か月間の研修を終え、88名の研修員が感無量の面持ちで閉講式に臨まれた。

閉講式は、開講式で問いかけた宿題に対する私の回答を述べる場でもある。「知的障害教育で、『各教科等を合わせた指導』を必要としたのは、なぜか？」それが私の問いであり、私自身も2か月かけて、時間を見つけては図書室に通い、答えを探した。知らないことを知るというのは、大変だけどおもしろい。若いころの好奇心旺盛な時代に戻ったような気がした。

特殊教育百年史を繙《ひもと》けば、知的障害教育は、戦後、特殊学級で行われていた。そこには、「水増し教育」という言葉も出てきた。学年を下げたり、時間を多くかけたりして、教育内容を薄めて指導をしたという意味であろう。その後、知的障害の子どもの実態に即した指導が学校現場で追求されるようになった。当時の文部省には、知的障害教育の学習指導要領を作成する委員会等が設けられ、昭和34年に「6領域案」としてまとめられた。ところが、翌年にまとめられた暫定案では、教科案に変わった。そのころ、知的障害教育の分野では、子どもに教える内容を教科で分類するか、領域で分類するか、侃々諤々《かんかんがくがく》の議論が繰り広げられたようだ。

その過程で、二つの条件が確認されたそうだ。要約すると、学習指導要領の内容を各教科等の分類形式で示すとしても、(1)知的障害教育にふさわしい教育内容を盛り込むこと、(2)授業は教科別に進める必要はなく、合わせて行うことができること、である。

こうして、昭和37年には、学校教育法施行規則が改正され、「合わせて授業を行うことができる」とされた。昭和38年3月には、知的障害教育に係る最初の小学部・中学部学習指導要領が次官通達の形で示された。総則の一般方針において、「知的障害者の学習指導上の特性」に即することとして、「必要に応じ全部または一部の各教科をあわせたり、各教科、特別教育活動および学校行事等の内容を統合したりするなどの工夫をして、適切な教育課程を編成するものとする。」と示されている。

こうしたことから、私の問いに対する答えは、知的障害教育の学校現場が、子どもの特性に即した教育を進める必要性から、合わせた指導が設けられたとまとめられる。しかし、私には、次の疑問が生じた。平成26年1月に我が国も障害者権利条約を批准した。その関係で、就学の仕組みも変わり、小学校等で知的障害の子どもが教育を受ける場合が見られるようになっている。こうしたときに、「合わせた指導」の成り立ちや意義を的確に、例えば小学校等の先生方に説明できるように、関係者の中で50年間引き継がれているかということだ。私の経験でも、「合わせた指導は分けない指導だ。」、「それは、知的障害教育をやったものでなければ分からない。」などの説明を聞いたことがある。「知的障害教育は、こうすべきだ！」という教条的な説明から早く脱皮し、一般の方に分かるような説明が、これから求められると思う。そして、その回答を見つけるのは、学校現場の先生方であると、研修員に新たな宿題をお願いした。知的障害の子どもの「これこれしかじか」の特性に応じて、例えば、教科で示された内容を「このように合わせて指導をすれば」、「こんな成果が見られますよ」と、一人一人が実践を通して追求していってほしいと、切に思う。

（平成30年12月号）

# 二通の葉書

昨年（平成30年）の11月ごろに、教え子から葉書をもらった。さっと目を通したら、機織りをしている教え子が、仲間と作品の展覧会を開くという。ある日曜日に会場にいるので、見に来ませんかという案内状だった。

そして、1週間もしないうちに、また同じ葉書が届いた。そそっかしい子だったから、送ったのを忘れて、再度送ってきたのかと、勝手に思った。ところが違った。日曜日に子どもさんの行事が入ってしまい、会場に行けなくなった。そこで、前日の土曜日の夕方、会場に詰めているとのこと。

さらに、「都合が合えばお目にかかれることを楽しみにしています。」、「会場は遠いので、無理をしなくて結構ですよ。」、「私の母が会場にいる予定です。」などと、ワープロの字と手書きの小さな文字がしたためてあった。

私が、勝手に早とちりしたことを謝らねばならないと思うと同時に、様々な気配りがで

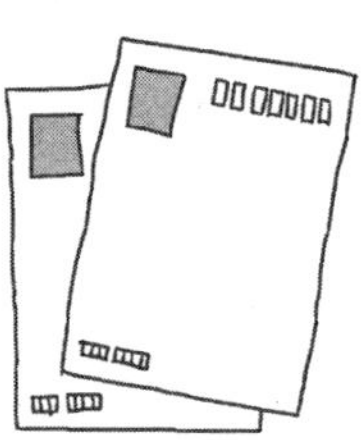

きるようになったことが嬉しかった。

その教え子は、私が聾学校に勤めていたとき、最後に受け持った子どもの一人だ。彼女は、乳幼児教育相談を終えた後、別の聾学校の幼稚部に通い、小学1年生のときに改めて入学試験を受け、入って来た子どもだった。たまたま、私が受け持つことになり、3年生まで担任をした。先に書いた通り、割とそそっかしいところがあり、考える前に行動してしまうタイプだった。でも、絵を描くのが好きで、言葉の指導でも、絵を描かせるなどして一緒に考えた。何より、当時のクラスメートが彼女を支えてくれた。失敗をしても、それを咎めることなく、仲間として受け止めてくれた。3年生の最後に文集づくりをした。3年間で書いた作文の中から、みんなで共有できるものを選び、私がワープロで誤字脱字もそのままに打ち込み、子ども達の考えるきっかけにしようと思った。絵の得意な子どもには、挿絵やカットを描かせ、それで隙間を埋めるようにした。各ページ、人数分コピーしたものを綴じ、完成させた。最後に、私の3年間の思い出と一人一人への願いを書いて、結びとした。

今から30年も前の話である。子ども達が文集のことを覚えていてくれればありがたいが、この30年で様々なことを経験しているはずである。小学部高学年、中学部、高等部、そして社会に出て、周囲の人に助けていただきながら、それぞれが自分の人生を築いていることと思う。

話題の彼女は、高等部を卒業すると、美術系の短大に行き、その後4年制の課程に転学し、卒業後は京都の工房で修業をしたという。行動派の彼女らしい生き方だ。全て、風の便りだったが、今回、久し振りに会い、作品（着物と帯）を前にしながら、昔話に花が咲いた。

改めて思う。子ども達は社会に出てからの方が長く生きる。聾学校には、乳幼児のころから通うとは言え、せいぜい20年。その後、60数年は、社会の人々と関わりながら生きていかねばならない。そう考えれば、周囲の人からの支援が得られるような〝人間性〟を自らつくっていかねばならない。そのための基礎を聾学校（特別支援学校）で子ども達に育てていかねばならないと思う。思いやりや気配りは、言葉や知識・技能と同じくらい大切だと気付かされた出来事だった。

（平成31年1月号）

# 挨拶も、いろいろ

ある知人から聞いた話だ。2人のお孫さんがおられるとのこと。下の男の子に挨拶を教えたという。1歳になったばかりのときに、たまたま誕生会の席で、久し振りに会ったその子に、手を挙げて「おーっ。」と声をかけたそうだ。そうすると、その挨拶が気に入ったのか、時々、顔を合わせる度に、口を丸めて、「おーっ。」と声を出しつつ手を挙げて、ハイタッチを求めるとのこと。それに応えると喜んで抱きついてくるそうだ。

上のお兄さんは、3歳。知人が、「ただ今〜。」と言って帰ると、その子も「ただ今。」と言ってくれるそうだ。すると、お母さんから、「お帰りでしょ。」と声をかけられ、子どもは、「お帰りなさい。」と言い換えるとのこと。

おもしろいと思いながら聞かせていただいた。年相応に挨拶も変わっていく。とかく、大人の感覚で言葉を投げかけがちだが、一足飛びに大人になる訳ではない。挨拶の仕草も言葉も、子どもが自ら、必要に応じて身に付けていくのだろうと思う。手を挙げたり、

口を丸めて「おーっ。」と言ったりして、相手が同じことをしてくれることに挨拶の原点があるのだろう。そして、相手の言葉を真似ることから挨拶が始まり、立場による言葉かけの違いを知る。

聞こえる子どもの場合には、子どもが自ら言葉を修正しつつ、挨拶の言葉を増やしていく。障害のある子どもの場合は、周囲の者の気配りが必要になる。久里浜特別支援学校にいたときのことである。小学部1年生のある男の子に、朝、会うたびに声をかけ続けた。「おはよう。」、「朝ご飯、食べた？」などと変化を交えながら。でも、なかなか返事をしてくれない。2年生になってから、夏ごろだろうか。「お、は、ょ。」と小さな声が聞こえた。やっと、私を「相手」として、認めてくれたのか？それからは、徐々に返事をしてくれるようになった。不思議なものである。根気が必要なことを学んだ。聾学校では、すぐに言葉を出させようとしたが、知的障害を併せた自閉症の子どもの場合は、もっと気長に付き合わなければいけないと思った。

去年、特総研では、特別支援学校の高等部の生徒1人を就業体験として受け入れた。4日間ほど、研究所の様々な仕事を経験してもらった。たまたま、朝の路線バスで、その生徒と一緒になった。「おはよう。」と声をかけるが、なかなか返事がない。別に無理に返事をしてほしいという訳ではない。でも、声が出せないなら、頭をちょこんと下げるという方法もある。昼休みは、六角食堂（特総研の食堂、屋根が六角形の形をしている）で特総研の職員と並んで昼食をとっていた。そして、自分の携帯電話を見せながら、職員と会話をする姿も見かけた。声を出すのが苦手でも、顔を知っている人には、頭を下げるような挨拶のしぐさはできそうだ。

昔、聾学校の職業教育に関する研究会で、聞こえにくい生徒を受け入れてくれている会社の人事担当の方が、「学校では、挨拶ができるように指導しておいてください。」と話していたことを思い出した。

挨拶の言葉を正確に言えるようにすることも大切だが、子どもの実態に応じて、相手のしぐさや言葉にそれなりに対応することの大切さに気付かせたいものである。子どもの実態が様々であるように、子どもの挨拶もいろいろあってよいと思う。挨拶は、人と人との関わりをつくるきっかけになるもの。子ども達が社会生活を送るための第一歩かもしれないと思う。

（平成31年2月号）

# 研究所セミナーが終わる

先月（平成31年2月）の15日と16日、国立オリンピック記念青少年総合センター（オリセン）で、今年度の研究所セミナーが行われた。テーマは、「インクルーシブ教育システムの推進」で、副題として「多様な学びの場における研究所のコンテンツ活用」と掲げられている。

今回は、特総研の各部・センターが有しているコンテンツの紹介や様々な研究活動の成果を多くの人に知っていただくことを意図して開催した。また、2日目の土曜日を活用して、関心の高い発達障害に関するシンポジウムも盛り込んだ。さらに、全体を通じて、これも世の中の関心事であるペーパーレス化を一層進める観点から、紙媒体での資料を極力少なくし、電子データをCDに焼いて配付したり、研究所のホームページにセミナーの資料等を掲載したりして、参加予定者には、それらを自分の都合に合わせて、各自活用してもらうようにした。

当日配付したセミナーの要項には、セッション毎に二次元バーコードが添えられ、ホームページにアクセスしやすいように工夫した。参加者の反応はどうだろう。主催者の一人としては、そんな心配も抱いた。

16日の研究成果報告では、大ホールの後部座席に設けられた関係者席で、会場全体を眺めながら、雰囲気を味わうとともに、周囲の席の参加者の資料活用の様子に目をやりつつ、あれこれ考えていた。

テーマの影響もあるせいか、様々な学校種の参加者が見受けられた。特別支援学校の先生と思われる人、リクルートスーツの大学生、小学校の先生と思しき人、保護者と思える人や以前校長先生だったかなと思われる方も。２日目は土曜日のせいもあり、６００人近くの参加者を得た。

私の周りでは、自分で打ち出してきたのか、紙媒体で資料を眺めている方。タブレットのパソコンにファイルをダウンロードし、それを見ながら耳を傾けている方。ラップトップのパソコンで、配付資料に入っていたＣＤで資料を映し出している人も。私も、早速、自分の携帯で特総研のホームページからセミナーの資料のファイルを見つけ、それをダウンロードし、それを眺めながら、話を聞いた。中には、途中から入場されたのか、要項の空欄に一生懸命メモをしている人も。それで、繰り返し、資料のありかをアナウンスするよう司会者にお願いした。ペーパーレス化を進めるための今回の試み、参加者には、どんなふうに受け止められたのだろう。

それに合わせて、もう一つ考えていたことがある。

特総研の様々なコンテンツや研究成果等を紹介するにしても、説明の仕方が大切だと。今回は、テーマのせいか、特別支援学校の関係者にとどまらず、小・中学校や幼稚園、高校等の関係者も数多く参加されていた。そうすると、説明自体も、日ごろ、特別支援教育に馴染みのない方にも興味をもっていただけるような説明の工夫が必要になる。特別支援教育関係者であれば分かる説明から、経験が少ない方や初めて特別支援教育に触れる方にも分かってもらえるような説明の仕方の工夫が求められる。これは、特別支援教育の専門性を如何に砕いて易しくできるかが、問われているとも言えそうである。

特別支援教育に携わっている私達一人一人の課題と考えたい。

（平成31年3月号）

# 第6章

# 平成31・令和元年度

# 身近なところから

本メールマガジンは、特総研の情報発信の手段の一つであると同時に、研究職員の興味・関心を知る機会でもあると、平成31年3月号のメールマガジンの編集後記を読んで思った。

それを担当した編集主幹は、身近な題材を取り上げて、編集後記をまとめている。「私水仙。ここに　います」という立て札だ。研究所の海沿いの道路脇、土手沿いに小さな花壇がつくられている。地元の人達が手入れをしている。少しでも、この地を訪れる観光客の目を楽しませたいという心遣いか。横須賀市では、水仙ロードと名付け、宣伝もしている。この地はとても温暖だ。だから、1月ともなると花が咲き始める。一面に咲き誇った水仙は、とてもきれいだ。しかし、今は、花も落ち、茂った葉だけが残っている。その中に埋もれて、小さな立て札には、なかなか気付かないかもしれない。

編集主幹は、立て札の存在に気付き、そこに書いてある文を元に何を考えたのだろう？

「小・中・高等学校の通常の学級の中では、この立て札と同じような訴えをしている子どもがいるかもしれないよ。」だから、「それに気付くことが、大切ではないですか？」と問題提起をしている。確かにその通りだと思いながら読んだ。「見えない立て札を見る」。水仙の立て札でさえ、葉が枯れた後なら目立つが、花が咲きそろっている間や葉が茂っている間は、それらに隠れて見えない。通常の学級の中では、「私、ちょっと板書を写すのが苦手なの。」、「僕は、ちょっと計算が不得意なんだ。」などという訴え（立て札）は、なかなか見えないし、気付かない。

特別支援教育になり、様々な子どもが通常の学級に在籍する可能性がある。そうなると、特別支援教育は、特別支援学校や特別支援学級、いわゆる通級指導教室だけの話ではなくなる。通常の学級においても、考えなければいけなくなる。発達障害の可能性のある子どもに関して言えば、例えば、小・中学校に６・５％の割合で在籍するかもしれないという報告もある。

特別支援教育が、特殊教育の時代から大切にしてきた、一人一人に応じた教育の推進が、これからますます求められていくだろう。

そして、こんなことも頭に浮かんだ。

身近にある立て札に気付き、何が書いてあるのだろうと読む。これは、今回の学習指導要領等の改訂で話題になった、「主体的・対話的」な姿勢ではないか。そして、自ら考え、何かに気付くこと、これは、「深い学び」の一つではないかと。

アクティブ・ラーニングが「主体的・対話的で深い学び」と表現された。そして、それを自ら身近で具体的な事柄と結びつけて、捉え直してみることが必要だ。そうすることで、先ずは教師が「主体的・対話的で深い学び」を受け止め、子どもに分かりやすく伝えることができると思う。

編集後記を読みながら、身近なところに、新たな気付きを起こさせるきっかけが存在することを、改めて思い浮かべる機会となった。

因みに、私もこの「立て札」について考えたことがある。興味がある方は、平成26年3月号のNISEダイアリー（P・16参照）を読んでほしい。

（平成31年4月号）

# 子どもは変わる

「子どもは変わる」という標記にしたが、その末尾には、「？」と「！」の両方が付けられる。果たして、読者は、いずれをお考えだろうか？私は、「！」を付けたいと思う。しかし、希望や思い込みではいけないのではないか。実践や研究を通して、実感したいものだと思う。

３月の中ごろ、隣の学校で卒業証書授与式が行われた。毎回、参加させていただき、お祝いの言葉を述べさせてもらう。今回は、私が久里浜特別支援学校に赴任したときから数えて、９年目になった。９年と言うと、久里浜で幼稚部の年少組に入学した子どもが、幼稚部３年間、そして、小学部に進んでから６年間の、併せて９年間を過ごし、久里浜を卒業していく歳になる。そんな訳で、私の印象に残った「ある男の子」について、その９年間を振り返り、「お話」として、短くまとめ、出席された方々にお伝えしてみたいと思った。

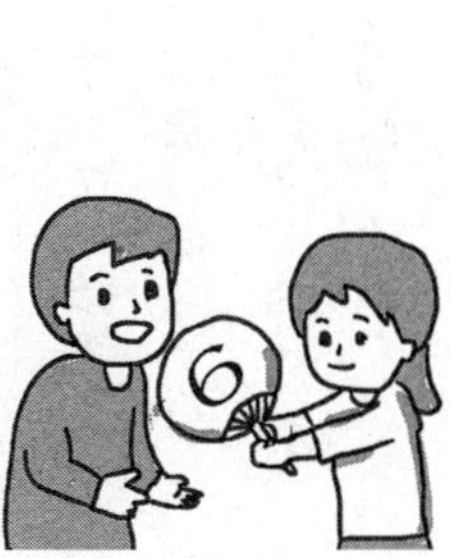

その男の子を通して、「どんな子どもでも変わる（成長する）！」という思いを改めて強くした。いや、「そのような可能性を子どもから教えていただいた」という方が、正しいかもしれない。

その子は、幼稚部入学時、玄関から入っても、そこに置いてある長椅子に腰かけ、なかなか教室に行こうとしなかった。給食の際も、食べられない物が多かった。３年目も終わるころ、幼稚部の修了式の練習では、なかなか式場に入ることができなかった。本番では、どうにか参加してくれたが…。

その後、小学部に入学した。お母さんの車で登校していたが、なかなか車から出て来られない日々が続いた。運動会では、競技に参加せず、グラウンドの片隅で、受け持ちの先生から参加を促されたり、日常の会話を交わしたりしていた場面が目に浮かぶ。

そんな男の子だったが、高学年になり、時々、授業参観にお邪魔すると、クラスで机に向かっている場面が増えてきた。そして、６年生になったころには、筑波大学の他の附属学校の子ども達との交流会にも参加し、海でカヌー体験もするようになった。修学旅行にも参加し、ロープウェーに乗ったことが楽しかったのか、その思い出を絵に描いていた。

さらに、私の印象に残った出来事がある。卒業を控えた２月、小学部の子ども達全員での集会で、司会を務めていた４年生の女の子が、６年生に団扇を渡す場面があった。女の子は、６年生の居場所が分からず、団扇を渡すのに戸惑っていた。すると、その男の子は、自分の席からスーッと女の子の近くまで出て行き、手を出して団扇を受け取ってあげた。とっさの行動に驚いたが、私は、男の子が場面を理解し、女の子の気持ちを推察したと感じた。

これらの出来事をもとに、「子どもは変わる（成長する）」ということを伝えたくて、絵や写真などを入れたスライドを使いながら、卒業式で「ある男の子のお話」をさせていただいた。勿論、その男の子が特定されないように工夫して。すると、男の子は、私の話やスライドを眺めていて、自分のことだと気付いたようだ。卒業式で設けられた「自分の思い出を話すコーナー」で、みんなと一緒に活動できなかった自分について触れていた。

どんな子どもでも変わる（成長する）ことを私は信じたいと思う。それは、学校現場の子どもの姿や私の体験から導き出した思いそのものである。

（令和元年５月号）

# 高校普通科の見直し

今年は、10日間に及ぶ、長い連休であった。4月30日で平成の時代が終わり、5月1日に新しい天皇が即位され、令和の時代が始まった。私は田舎に帰り、一人で暮らしている父親の相手をしながら、新しい時代を迎えた。そして、連休も終わるころ、インターネットで標記の記事を見つけた。

「普通科」の見直し、特色重視で細分化、高校抜本改革が始まる。そんな見出しが目に入った。政府の教育再生実行会議は、5月に高校改革の提言をまとめるという。それを受けて、文部科学省は、普通科の細分化に向けて、高校設置基準を見直す方針だそうだ。そのため、中央教育審議会で具体的な普通科の類型を議論し、まとまり次第、基準を改正する。さらに、教育課程や教科書、教員の在り方を検討すると、インターネットの記事では述べていた。

こうした普通科の改革の前提となるものは、高校の生徒数の減少による統廃合等の動きである。全国各地で、適正規模を確保するなどのため、高校の統廃合が進み、廃校となったところには、新たに特別支援学校が設置されたり、特別支援学校の高等部単独校が置かれたりしている。

特別支援学校においては、高校とは異なり、高等部の生徒の増加傾向が見受けられる。特に、知的障害の生徒において顕著である。それは、中学校の特別支援学級を卒業した生徒の行き先の確保とも関係がある。また、発達障害の生徒の一部には、自分のペースで学べるということから、特別支援学校の高等部に進学を希望する場合もある。さらに、高等学校に進学したとしても、生徒などから個別的な対応の希望が出されたりすることもある。

このように特別支援教育との関連で考えれば、普通科の改革には、生徒の興味・関心や地域の要請等に応じて、単に細分化を進めるだけではなく、個々の生徒の可能性を生かすという視点が欠かせないと思う。

少子化の中で進められる高校改革、そして普通科の抜本的な改革は、一人一人の生徒の可能性を十分に伸ばし、社会での自立を促す教育の実践でありたい。それは、まさに特別支援教育の視点を生かすことではないか？

高校においては、平成30年度から、通級による指導が実施されることとなった。それは、発達障害等の生徒の個別のニーズに対応した取組でもある。通級による指導であることから、高校において、特別支援学校の独自の指導領域である「自立活動」の指導が行われることになる。

自立活動は、小学校や中学校の通常の学級の先生には、馴染みがないのが一般的であろう。ましてや、教科指導等に傾注することの多かった高校の先生方にとっては、思いもしないことであろう。

しかし、生徒数の減少に伴い、一人一人の生徒の特性が顕在化するようになれば、その生徒に合った指導が求められるのは必然である。また、発達障害等の研究も進み、保護者や本人の認識も高まってきている。こうした生徒への個に応じた指導の必要性が重要視されることも当然の結果であろう。

高校普通科の見直しは、高等学校に在籍している様々な支援の必要な生徒の顕在化を促し、個々の生徒の実態に応じたきめ細かな指導が求められるようになるのではないか。それは、特別支援教育の考え方が求められるとも言えそうな気がする。連休の終わりに、こんなことが頭に浮かんだ。

（令和元年６月号）

# 吊り広告

電車やバスに乗ると、吊り広告が目に入る。大分、前になるが、同じ交通機関を利用して通学する子ども達を担任してから、自然と吊り広告が気になるようになった。「受け持っている子ども達が興味をもつ、何かおもしろい材料はないか？」というのが発端だったと思う。

先日、久里浜から電車に乗った。すると、こんな広告を見つけた。「暑い毎日を過ごすか　熱い毎日を過ごすか」と、青空をバックに白い文字が横書きで二段に大きく書いてあった。「何だろう？」と、興味が湧いた。そして、下の方を見ると、今度は白地に赤字などで「夏期講習受付中！（講習期間）7・16→8・31」と書いてあった。それで、上記の言葉の意味が類推できた。気温が高くなる夏を毎日、「暑い、暑い！」と過ごすだけでなく、何か目的（情熱）をもって、勉強に励むという、そんな「熱い夏を過ごしてはどうか？」と呼びかける、夏期講習へのお誘いの広告であった。そして、その広告を出した学習塾の

名前と電話番号が、一番下に記載されていた。

久し振りに、小学部で子ども達と関わっていた日々を思い出した。当時はトピックスと称して、通学途上で気付いたことを、朝の会で、みんなの前で発表する時間を設けていた。子ども達は、友達に伝えたいことを探しながら登校して来た。みんなが知らないこと、自分だけが気付いたことを得意げに話す子ども達の顔が目に浮かぶ。

そんなことから、私も、子ども達に伝えたいことを、毎日の通勤途上、きょろきょろしながら探すことが日課になった。

先日見つけた「暑い毎日」と「熱い毎日」は、発音は同じである。ところが意味が違う。こうした同音異義語は、身近にたくさんある。そして、日本語の特徴の一つでもある。聞こえる人は、知らず知らずのうちに耳にして、「あれ、『あつい』と言っているのに、意味が違うんだ。」と気が付くことがある。しかし、聞こえにくい場合には、なかなか気が付きにくい。だから、子どもの興味・関心に応じて、様々な言葉や使い方を意図的に知らせる必要がある。

また、同音異義語は、落語の〝落ち〟にも使われたりする。小咄として、耳にしたことがあると思うが、「隣に塀ができたんだって。」、「へえ〜。」などがその例である。それを「『塀』と『へい』(相槌を打つこと)をかけているんだよ。」などと説明し始めると、折角の小出もつまらなくなる。でも、聞こえにくい子どもの場合は、ときには、丁寧に説明することも必要だ。

言葉は、楽しみながら身に付けさせたいものだと思っていたが、なかなか思い通りにはいかなかった。そんな反省の日々を思い出す。

先日見つけた、「暑い毎日」と「熱い毎日」については、ある学生さん達を相手に話す機会に、その枕として遣ってみた。「誰が、どんなことを伝えたくて、こんな広告をつくったと思いますか？」が、私の問いであり、「同音異義語という日本語の特徴がありますよ。」というメッセージでもある。

このようにして、身近にある教材を探す癖が身に付いたのは、昔、読んだ大村はま先生の著書、『新編　教えるということ』（筑摩書房１９９６年）に影響を受けたからかもしれない。

（令和元年７月号）

## 知的障害教育における「自立活動の指導」の見える化

特総研の第一期特別支援教育専門研修（知的障害教育コース）が、7月12日に終了した。研修期間中に、研修員から、ここ数回の学習指導要領の改訂経緯について説明する機会を求められた。講義終了後、時間を設け、話をした。

研修員の「知りたい」という率直な要望を新鮮に感じるとともに、経験を伝えることに嬉しさを覚えた。知的障害教育は、専門ではないが、見聞きしたこと、自分なりに考えたことをあれこれ思い浮かべていた。そして、是非、研修員の先生方に伝えたいと思うことが、一つ思い浮かんだ。それで、閉講式の折に伝えることにした。それが、標記の事柄である。

知的障害教育における自立活動の指導は、自立活動が養護・訓練と呼ばれていた時代からの課題である。私がよく耳にしたのは、「知的の学校では、合わせた指導が行われます。だから、その中に自立活動を含めて指導していますよ。」という話である。「それでは、具体的にどこが自立活動の指導ですか？」と訊ねると、余り明確な返答を聞くことができなかった。

こうしたことは、昭和46年盲・聾・養護学校の学習指導要領に養護・訓練の指導領域が設けられたとき、知的障害養護学校には、「生活科」という新教科も設けられた。そのときから、生活科等をベースにして行う「合わせた指導」と「養護・訓練の指導」の区分けが課題となってきた。それが、なかなか明確に説明できず、現在に至っていると考えることができる。

インクルーシブ教育システムが提唱される今日、例えば、特別支援教育を担当する先生が、小学校等の先生方に自分達がやっていることを説明する機会が多くなる。相手の立場になって、分かりやすく伝えることが大切だ。また、この逆の場合もある。小学校等における教育の課題や難しさを知る必要もあろう。

コミュニケーション力、表現力などの子どもに求められる力は、先生にも必要であり、それを体験しておかないと、相手が理解できるよう、的確に伝えることは難しいかもしれない。

閉講式の折には、私の経験談も伝えた。隣の久里浜特別支援学校にいたときのことである。やはり、自立活動の指導が課題であった。先生方は、皆、理屈は知っている。取り出し指導として、個別の課題に取り組んでいた。でも、何かすっきりしなかった。そこで、身をもって示す必要性を感じた。毎朝、顔を合わせる1年生の男の子。私が声をかけても、返事がない。「おはよう。」から始まり、「朝ご飯、食べた？」、「床屋に行ったんだね。」、「リュック、かっこいいね。」などと、子どもの様子に応じて声のかけ方を工夫した。そんなことが続き、2年生の夏ごろか、やっと、「お、は、ょ。」という声が返ってきた。恐らく、学級でも担任が工夫して関わり、家庭でも保護者の努力があっただろう。それらの成果としての「返事」だったと思う。ほかにも、「立ったまま靴を上履きに履き替えられるようにする」などの例もある。「『日常生活の指導』じゃないの？」と言われるかもしれないが、自立活動の指導にもなると思う。

要は、強調の意味で「自立活動の指導の見える化」が大切だ。種々の実践を集約して、それを整理していけば、知的障害教育における自立活動の指導も確立する。こんなことを閉講式で先生方にお願いした。

（令和元年8月号）

# 個性を生かした関わりを

この夏休み、特別支援学校（聴覚障害）の実践事例に目を通す機会があった。読みながら、子ども達との関わりで、自分が試行錯誤していたころを思い浮かべていた。平成の時代をはさんで、40年近くも前のことである。

聴覚障害教育においては、今も、指導上の本質的な課題は変わらないと思った。確かに、機器の活用などは、新しくなっている。でも、聴覚障害の子どもが抱える悩み、つまり、言葉の指導をどうするか、子どもの興味・関心を如何にして引き出すか、基礎学力をどのようにして培うかなどは、変わっていないと思った。

しかし、変わらないことばかりではない。変化も見つけられた。聴覚障害のある先生の子どもへの関わりである。以前は、聴覚障害のある先生は珍しかった。そうした先生方が、どのようにして職場に馴染めるか、また、他の先生方と如何に協力して職責を果たせるかに関心が集まっていた。そんな中で、「いつか、聴覚障害のある先生方の個性を生かした

教育ができるようにしたい」、「聴覚障害のある先生だからこそ、分かる子どもの悩みがある。それに寄り添いながら、指導する姿を見たい」と、願うようになった。

まだ、完成とまではいかないが、そんな姿が想像できる実践例が幾つか見られるようになった。聴覚障害のある先生方が、学校現場で自分の個性を生かせるようになってきたと思えた。

例えば、聞こえない生徒に対して、聞こえない先生が、自分の経験に基づいて、その悩みに対して、共に語り合う場面である。それに、聞こえる先生がチーム・ティーチング(T・T)で加わり、一緒に話合い活動を行っていた。教科指導においても、子どもの思考に寄り添い、具体物を提示するなどして、細かなやり取りを工夫しているものもあった。

話合い活動の具体例としては、聴覚障害のある先生の体験が例示されていた。それゆえ、聞こえにくい生徒にとっては、身近な話題であり、関心も高まっていた。具体的には、音に関する話題である。ジュースをストローで飲むときの音、トイレの音などである。

子どもの興味・関心に基づくこと、子どもの思考過程に寄り添うことなどは、指導する側が、聞こえる、聞こえないに関わらず、指導の基本として、重要視すべきことである。しかし、聞こえない先生が、自分の体験を基に、話したり、子どもに気付きを促したりすることは、これまで、なかなかできなかったこと、見かけなかったことでもある。

聴覚障害のある先生が増えることで、聴覚障害のある子どもの状態にこれまで以上にマッチした指導内容や方法が開発されたら、この教育も進むと思う。

そんな意味で、先生方の「個性を生かした関わり」が増えていくことを期待したい。「指導法の開発」が、教育においては重要であると思う。試行錯誤でよいと思う。すぐに正解は見つからない。失敗しながら、答えを見つける努力をしていけばいい。夏休み、実践例に目を通しながら、昔を振り返りつつ、今を受け止め、これからを夢見ていた。

（令和元年９月号）

## アドリブを利かせること

9月の中ごろ、老齢の個性派女優が亡くなられてから1年が経つことから、その追悼番組がテレビで放送されていた。晩年、病気を患いながらも、映画出演を続け、カンヌ国際映画祭でパルム・ドールを受賞していた。率直な物言いには定評があり、多くの人に影響を与えていた。

その番組では、新人のころにその女優さんと共演し、演技について刺激を受けたという、今はベテランとなった女優さんが思い出話を語っていた。そのときに耳に入ったのが標記の言葉である。

亡くなった女優さんは、台本にない台詞を即興で話したり、予想もしない行動を平気でしたりしたそうだ。ときには、突然、新人女優の頬を平手打ちしたこともあったという。番組では、その新人が平手打ちを返す場面も映していた。新人女優は、必死で亡くなった女優の台詞や演技に付いていった。

これらは、演劇の話の中のアドリブだが、教育においてもアドリブがある。テレビを眺めながら、昔、私が学校現場で子どもと格闘していたころ、先輩から、「授業では、アドリブも大切だよ。」と言われたことを思い出していた。

演劇には、台本があり、そこには、台詞が書いてある。これは、授業における指導案と発問の関係に似ていると思う。

台本は、監督から役者に至るまで、多くの人が議論してつくり上げていくのだろう。台詞の言葉一つ一つが練り上げられていくものだと思う。だから、先の個性派女優も、台詞はきっちりと覚えて芝居に臨んだそうだ。それでも、実際の場面では、一緒に演ずる相手との関わりで、即興の言葉や演技が出て来る。受け止める相手との間に何か相通ずるものがあったのかもしれない。

それでは、授業におけるアドリブはどうか。

指導案を作る際には、子どもとどのように本時のねらいに迫るかを授業者自身が頭の中であれこれ試行錯誤する。その上で、どのような発問で迫るかを考える。その際には、子どもからどのような答えがあるだろうかと、いろいろ思いを巡らして、次の展開を考える。発問は、子どもの思考を導く道標のようなものかもしれない。しかし、授業では、子どもが授業者の予想とは異なることを返してくれるものである。そんなときは、それに合わせて、流れをつくっていくしかない。それが授業におけるアドリブだ。臨機応変に、子どもの反応に合わせて、即興で展開を変えていくことが求められる。

演劇においては、アドリブは共演する相手を鍛えるもの。授業においては、アドリブが授業者自身を鍛えるもの。そんな気がする。

今、第二期の特別支援教育専門研修が開講されている。その中で私が受け持った〝授業〟に関するコマの中で、前述の話をしてみた。研修員は、一周忌を迎えた有名な女優さんのことは知っていたが、平手打ちを食らった女優さんが出演していた番組のことまでは知らなかった。それだけ時間が経ったのだろう。話の最後に、「アドリブを利かせることの大切さは、演劇でも、授業でも同じかもしれないよ。」と伝えた。予想が付きにくく、先の見えないこれからの時代の教育を、若い人には、柔軟な発想と行動で、創造していってほしいと思う。

（令和元年10月号）

# 見方・考え方

標記の言葉を目にして、読者はどんなことを思い浮かべるだろう。学習指導要領等が改訂され、それを実施に移す時期であるからこそ、「各教科等における見方・考え方」が頭に浮かぶものと予想する。これは、各教科等においては、「どのような視点で物事を捉え、どのような考え方で思考していくか」というように、教科等ならではの物事を捉える視点であり、考え方である。こうしたことを前提にして、今回の改訂では、各教科等の目標・内容が検討された。このことは、特別支援学校の各教科等についても同様である。

さて、それでは、標記の言葉が頭に浮かんだのは、どうしてか。それは、学校や特総研において、子どもに接する際や業務遂行時の視点の一つとしては、もう少し広い見方・考え方があるのではないかと思ったからである。

久里浜特別支援学校の運動会が、10月中旬に行われた。私は、2年振りにその様子を見せてもらった。昨年は、生憎、特総研の用務と重なり、参観することができなかった。運

動会で思い出すのは、土曜日開催にしたときのことである。以前は、平日開催であった。「なぜ、休日開催にしないの？」と、ベテランの先生に尋ねてみたら、「子ども達は、土曜日は休みだと思っています。だから、急には変更できません。」とのこと。確かにそうしたことも考えられるが、運動会を見たいと思う、親御さんや家族、親戚の人達などの気持ちは考えないのかと思った。「近所の小学校で行われている運動会について、もっと関心をもって、眺めてみればいいのに。」と、内心思った。つまり、特別支援教育の専門家の見方・考え方も大切だが、一般の方々の素朴な気持ちを推察する見方・考え方も重要だと思う。

また、特総研の職員には、様々な機会に、「自分のこととして考えよう。」と、口では何度も訴えてきたが、具体策がなかった。そのような中、特総研では今年、研究所が抱える課題について、特総研の若手の事務職員でプロジェクトチームをつくり、どんな解決策があるかを考えてもらうことになった。10月半ばに中間発表会を開いた。10人の若手職員がスライドをつくり、原稿をまとめ、発表してくれた。先輩から、辛口の指導助言もあったが、それぞれのアイディアが実現できるよう、私も知恵を出していきたいと思う。このことから言えることは、「自分だったらどうするか？」という見方・考え方である。若手には、こうした見方・考え方を大切にしてほしいし、相手が研究員であっても、臆せず、しっかりと自分の考えを伝えるようにしてほしいとお願いした。

「一般の人ならどう考えるか？」、「自分だったらどうしたいか？」こうした見方・考え方も、日常の活動においては大切だと思う。特に、インクルーシブ教育システムを構築していくためには、研究活動においても、然りだ。

（令和元年11月号）

## 「言葉」との対話

発達障害が話題になって久しい。小・中学校の通常の学級にも、様々な特性の子ども達が在籍している。そのせいか、時々、「みんなちがって、みんないい」というフレーズに出くわすことがある。

これは、金子みすゞさんの『私と小鳥と鈴と』という詩の一節である。以前から、教科書の教材としても取り上げられている。教科書では、あまり細かく、みすゞさんの人生については説明されていないと思うが、この詩の背景には、彼女が自分の人生を通して得た人間観が象徴されていると思う。一人一人の子どもは、かけがえのない存在であり、互いに認め合って生きてほしいという願いが込められているのだろうと想像する。

しかし、あるとき、この言葉が誤解されて用いられているように感じたことがあった。「一人一人違うのだから、手をかけず、自由にさせるのがいい。」というように。そこで、みすゞさんの思いは、どうだったのかを知りたくなり、彼女の詩を見いだした矢崎節夫さ

んの書かれた物をあれこれ繙《ひもと》いていた。

すると、偶然、本研究所の図書室で見つけた。平成17年発行の『発達の遅れと教育』9月号である。その最初のページで、「みんなちがって、みんないい」を解説していた。それは、「あなたはあなたでいいの」ということであり、「相手の存在を丸ごと認めて傷つけない」ということだと述べていた。そして、末尾に「自分の行為を正当化するためにだけは、決して使ってはいけない」と付け加えられていた。その言葉に、なぜか、ほっとした。教育として、子どもに寄り添い、共にその成長を考えたいと、改めて思った。

もう一つ、図書室で見つけたことがある。「教える」ということと「教えこむ」の違いである。こちらは、『聴覚障害』誌のバックナンバーを見ていて、目にしたことである。昭和61年3月号の巻頭言で、当時文部省の教科調査官をされていた渡辺研先生が、「『求める子ども』を育てる」と題して書かれている。「子どもの興味、関心、必要感に支えられた指導を『教える』といい、言語の習得を最重要視するあまり、子どもの自主性、自発性などを損ないかねない指導を『教えこむ』といった」と説明している。そして、「指導の根底に、驚きとか不思議さなどを感じさせる指導がないと、真の理解につながりにくいのではないか」と問題提起をされている。

こうしたことは、当時、聴覚障害教育において議論されたが、今日においては、他の障害や障害の有無に関係なく、全ての教育活動において、考える必要のあることではないかと思う。

実は、これら二つの文章については、他のことを調べたくて図書室に行き、本をめくっている際に、偶然、目にすることになった。つい、読み耽《ふけ》ってしまった。今回の改訂で話題となった、「主体的・対話的で深い学び」の一つは、本との対話である。文字を読むことは、単に発声することではない。書いてあることの意味を理解すること、そして、自分の経験などと照らし合わせながら、書いた人の気持ちや意図を考え、想像することだと思う。

その意味で、子ども達に読書の機会を設けることが、先ずは重要である。

（令和元年12月号）

# 褒めて育てることの意味

授業研究会に参加したり、教育雑誌を眺めていたりして、気が付くことがある。それが、「褒めて育てなければいけないよ」という言葉だ。授業の中で、やみくもに子どもを褒めている先生に出くわすこともある。褒めて育てることがトレンドであり、大切なことだと解説している文章に出くわすことも多い。

自分が学校現場にいたころを思い出しつつ、なぜ、今、こんなに褒めて育てることが話題に上るのだろうと考える。そういえば、私のころは、子どもを叱ってばかりいたかもしれないと反省する。でも、そんなに子どもに嫌われてもいなかったようにも思う。それは、褒めることも行っていたからだと思う。褒めることは、相手を認めることだと考えていた。叱ることは、相手にこうなってほしいと期待して、今、できにくいことを指摘することだと考えていた。褒めるときは、心から褒め、叱るときは、自分も心の痛みを感じつつ、厳しい言葉を発していた。いつもいつも、それがうまくいくとは限らない。ときには、言葉遣いを反省し、子どもに謝ることもあった。その子ども達も、すっかり大きくなり、我が子の子育てに悩んでいると思う。きっと、褒めて育てることを心して、毎日、子どもと格闘していることだろう。

「褒めて育てること」、それは私も同感である。でも、なぜ、気になっているのだろう。それは、方法だけが伝達され、「なぜ、褒めることが必要なのか?」という点が、きちんと伝わっていないせいではないかと考えた。

褒めることと叱ることには、メリハリが必要である。そして、褒めてばかりいたら、褒められることの意味が分からなくなる。叱られることと相俟って、褒められることの意味が子どもには伝わるのではないか。また、なぜ、褒められたのかを実感できることも子どもには必要であると思う。

この「なぜ」というのは、子どもと関わる先生にとっても必要なことである。「今、褒めて育てることが話題になっているのは、なぜだろう?」という問いかけである。褒めるという手段のみに気が回り、なぜ、必要なのかという洞察が少ないように感じる。方法論が話題になり、A法やBメソッドに関心が集まる。それを用いれば、効果が出るかもしれないが、先ず必要なことは、「なぜ?」と考えることである。「なぜ、今、褒めて育てることが求められているのか?」と考えることで初めて、今の子ども達を取り巻く状況や子ども達の実態が見えてくるのではないか。「なぜ、自己肯定感が乏しいのだろう。」、「なぜ、やる気が起きないのだろう。」などを考える機会になる。

私達の周りには、様々な情報が飛び交っている。それを知ることも大切である。そして、いち早く、それを用いてみることも必要である。でも、もう少し、ゆっくりでもいいではないか。なぜかと考えることは、子どもの姿をじっくり眺めることにつながると思う。「なぜ、褒めるのか？」、「この褒め方で本当に子どもの心に響いているのか？」そんなことを考えてみたい。スローライフも、ときには意味があるのでは？

（令和2年1月号）

## 分けない指導

特総研の第五期中期計画を考えるための講演会で、ある講師が、「今、学校現場には戸惑いがある」と、一言述べられた。この言葉が、ずうっと頭に残っている。どんな戸惑いがあるのだろう。類推するしかないが、あちこち学校現場に出かける研究員には、この言葉の意味を探るとともに、肌で感じてきてほしいと思っている。

この4月から、特別支援学校の小学部の教育が、新しい学習指導要領に基づいて行われることになる。今回の学習指導要領改訂の特徴の一つは、「知的の教科」である。その内容が詳しく示されることとなった。単純に考えると、それをどのように学校現場で生かすかが、悩みの種であろうと推察する。また、知的障害の子どもを教育する場合には、必要に応じて、各教科等を合わせて指導を行うこともできる。詳しくなった教科の内容を用いて、どのように合わせた指導を行うかが、戸惑いの元ではないかと推察する。

こうしたことを考えるに当たっては、これまでの学習指導要領の改訂経緯やその内容に

ついて、学校現場で議論してみることが大切である。

学級担任は、学習指導要領の総則を読むことは、あまりないかもしれない。どうしても、目の前にいる子ども達に関わるため、各教科の目標や内容等に関心が集まる。しかし、各教科等を合わせた指導の根拠などについては、学校教育法施行規則や学習指導要領の総則に目を通す必要がある。

施行規則においては、小学校における合科授業（第53条）の規定がある。そして、従前から、領域・教科を合わせた指導（第130条2項）の規定がある。もともと、小学校と同様に、合わせた授業の規定から出発したものだが、これまで「指導」と呼んできていた。そして、学習指導要領総則の「指導計画の作成に当たっての配慮事項」において、「合わせて指導を行う場合、…具体的に指導内容を設定すること」とされている。こうした考え方は、従前から変わっていない。だから、合わせた指導の元は、小学校の合わせた授業であり、指導計画作成上の一つの方法であることに留意したい。

特別支援教育になり、視覚障害教育等、他の障害種別でも、知的障害教育の指導方法が、これまで以上に取り入れられるようになった。つまり、合わせた指導をどのように活用すればよいかが問われるようになった。その際に気になるのが、「分けない指導」という言葉である。これは、知的障害教育で用いられてきた言葉である。合わせた指導を重要視するための表現でもある。しかし、分けない指導と言うと、既に教えるべき指導内容が固まりとしてあり、それをわざわざ教科の内容等に分ける必要はないという考えとして引き継がれてきたように思う。例えば、運動会という単元があり、そこでは、様々な活動が予想される。それを教科等との関連でいちいち分解する必要はないということか。果たして、それでいいのだろうか。やはり、先ずは、合わせた指導に還りたい。今、問われているのは、学校現場の戸惑いや悩みに寄り添い、子どもに対して、どのような指導計画を作成して関わるかではないか。そんな意味で今、「説明力」が問われているような気がする。

（令和２年２月号）

# 実地研修への参加

今、特総研では、第三期特別支援教育専門研修が行われている。１月８日から３月13日までの２か月間、全国から86名の先生方が、特総研のある野比の地に集まり、宿泊研修を受けている。講義や演習ばかりでなく、研究協議をしたり、所外へ実地研修に出かけたりする。今期は、発達障害・情緒障害教育・言語障害教育コースが開設されている。

２月の中ごろに、実地研修の予定が組まれていた。発達障害・情緒障害教育コースでは、五つの研修先が設けられ、そのうちの一つ、発達障害等のある方の就労等に関する支援を行っている事業所の見学に、私も参加させていただくことにした。

この事業所の活動については、以前、自閉症啓発デーの催しの中で紹介されたことがあり、興味をもっていた。特に、街中の人通りの多いところに施設を設け、そこで様々な事業を展開していることに関心があった。

私はもともと小学部の教員であった。だから、障害者の就労支援については経験もない

し、そのような福祉サイドの施策についての知識も疎かった。

ところが、最近は、教育と福祉の連携協力が特別支援教育の分野において喫緊の課題になっている。特に、福祉関連の事業所において、放課後等デイサービスが実施され、それが話題に上るようになった。そんな背景もあり、実際にその現場を見てみたいという興味もあった。

訪問した事業所では、各種の就労支援事業を展開していた。就労移行支援、就労定着支援、就労継続B型、自立訓練（生活訓練）であり、さらに、障害児への支援として、放課後等デイサービスを実施していた。

駅近くのアーケードの中にある事業所の施設には、高等部を卒業したと思われる方々が集まり、10時からの朝礼で、当日出勤している人や一日の予定などを確認し、ホワイトボードに記載された予定に従って活動していた。

指導を担当する方々は、障害のある人の「『その人なりの自立』を導き出すこと」をモットーに、特に、コミュニケーションスキルの向上に努めていた。「個に応じること」、「一人一人のよさを見いだすこと」、そして「気長に付き合うこと」、これらは学校教育にもつながり、共に大切にしていきたいことだと、改めて心に留めた。放課後等デイサービスについては、通って来る子ども達が、まだ登校中ということで、施設・設備だけの見学になった。ただ、壁に掲示した子ども達の作品、棚に整理された教材・教具類、指導員の方達の雰囲気、机に置かれたパソコンなど、子どもはいないが、子どもが来所したときの様子を想像することができた。

学校と外部の事業所との連携は、言葉で言うほど簡単ではない。でも、大事なことは、やはり関係者同士のコミュニケーションである。そして、それぞれが抱えている課題について、率直に相談し合えることではないか。「百聞は一見に如かず」、「先ずは相手のことを知ろう」、そんな言葉が頭に浮かんだ。事業所の代表者からは、街中に事業所を設ける際の苦労話もお聞きした。何事も、「千里の道も一歩から」だと思う。

（令和２年３月号）

# 第7章

# 令和2年度

# 子どもからの一言

先月は、令和元年度の終わりの３月。学校では、年度末の様々な行事や新年度の準備が盛りだくさんだったろう。でも、新型コロナウイルスによる感染症予防のため、全国各地の学校が休校となった。

特総研においても然り。１年間の研究に来ていた長期型の地域実践研究員や第三期の専門研修員を無事地元に送り出し、ほっとするとともに、研究協議会を中止にしたり、研究職員の出張を控えたり、運営委員会をメール審議に切り替えたりするなどの対策を講じた。

新年度においても、しばらくは職員一人一人が継続して用心する必要があるが、できることなら、予定した諸活動を進めていきたいものである。

全国一斉の休校で、久里浜特別支援学校の卒業式に出席することも叶わなかった。その席で、幼稚部を修了する、ある男の子とそのお母さんに伝えたいと思っていたことをここ

で紹介したい。

その男の子は、幼稚部3年間、久里浜特別支援学校の幼稚部にお母さんと一緒に通学した。たまたま、私が出勤する時間と同じになることが多かった。研究所前でバスを降りる男の子とお母さん。私は海岸沿いのバスで通い、野比海岸のバス停で降り、歩いて研究所に来る。グラウンド横の坂道を上がってバス通りに出た辺りで、研究所前を発車したバスとすれ違う。すると、遠くに二人の姿が望める。

幼稚部年少さんのころは、歩くのが嫌で、よく道路にしゃがんだりしていた。お母さんが抱えて、学校まで連れて来る。校門の前辺りで私とすれ違う。そのころから、「おはよう」と声をかけるのが習慣になった。お母さんが返事をしてくれる。年中さんぐらいになると、私の声かけに、お母さんが子どもに「おはよう」と言うよう促してくれる。頭を下げたりすることはあっても、なかなか男の子の声は聞かれなかった。道路の側溝沿いの石積みに上がり、コンクリートの上をたどりながら、学校に向かうのが好きだった。

3年目、年長さんになった。男の子の体は大きくなり、お母さんが抱えることは難しくなった。子どもも立ち止まったりすることが少なくなり、歩くのも早くなった。好奇心が旺盛になったのか、道草をするようにもなった。

年も明け、2月末のある日、特総研の北口辺りでいつものようにすれ違った。道草をしたい男の子を制して、お母さんが登校を促していたとき、私が「おはよう。」と言うと、即座に私の方を見て、指を差しながら「あの人、だれ？」と言う男の子の声が聞こえてきた。「おはよう。」という型通りの返事を予想していた私は、見事に裏切られた。でも嬉しかった。「あの人」や「だれ？」という表現を知っていて、実際に使えるんだと。

実は、そのとき、私は新型コロナウイルス感染症予防と花粉症対策で、マスクを付けたまま声をかけた。突然の返事には、その影響があったのかもしれない。3年間、私は一人の隣人として声かけをしてきたが、偶然、子どもの変化（成長）に遭遇することができた。「子どもは変わる」と、改めて思うとともに、気長に寄り添うことの大切さに気付かせてもらった。

（令和2年4月号）

## 教材探し

新年度が始まったが、新型コロナウイルスの感染拡大を防止するため、特総研でも、第一期特別支援教育専門研修を中止にするなど、様々な対応を行っている。5月からの研修に参加することを予定しておられた方々には、せっかくの研修の機会を逸してしまうことになり、誠に申し訳ないと思う。今、何らかの形で、個々の研修に寄与する方法を検討しているので、その際には、是非、ご活用いただきたい。

4月の中ごろ、嵐のような雨風の一夜が明け、翌日は、打って変わったような晴天になった。緊急事態宣言が出されたため、職員には、できるだけテレワークを実施するようお願いしていたが、私には、生憎、WEB会議の予定が入り、それに間に合うように出勤した。久里浜の青い空と海は、夕方まで続き、退勤するときも、晴れ晴れとした気持ちだった。

その道すがら思い出したのが、学校に勤務していたころのことだ。通勤途上で、よく身の回りの「変化」を見つけ、受け持った子ども達に問いかける話題にしたことを。

特総研を出て、野比海岸のバス停に向かう。すぐ目の前の電信柱が目に入った。上の方の変圧器の近くに、木の枝がたくさん集められていた。通りがかりの職員に訊ねたら、「3回目ですよ。」とのこと。カラスの巣づくりである。1日ぐらいでつくってしまうと言う。「取り除かないと…。」と言ったら、「卵を産むまでダメだそうですよ。」とのこと。カラスも必死だ。卵を産む前に取り除いても、すぐまたつくり始めるそうだ。

坂道を降りる所では、周囲の木々が伐採されている。その切り口に黒く墨のようなものが塗られている。どうしてだろうと思う。バス停の近くまで行くと、真上をジェット旅客機が通り過ぎていく。今まで見かけたことがなかったのに。しばらくして、また旅客機が真上を通り過ぎていく。羽田空港への航空機の飛行経路が一部変更になったので、その影響だろうか。

バスに乗った。いつも前の方に座る。しかし、そこの椅子の上に張り紙がある。横のガラス窓にも。「新型コロナウイルスへの感染を防ぐため、使用禁止」とのこと。運転手さんへ、あるいは、お客さんへの感染防止のためか。「朝のバスではなかったのに…。」と思う。

宿舎に着く前、近くのスーパーマーケットで買い物をした。すると、レジ前にお客さんとレジ係の人との間を仕切る大きな透明のビニールが吊り下げられていた。コロナ禍の広がりを防ぐため、様々な知恵が絞られている。

このように、私達の周りには、日々、様々な変化がある。これらは、実は、子どもとのやり取りをするためのまたとない「きっかけ」になる。

昔、夏休みの宿題として、「１週間に１回、（受け持ちの）先生にはがきを書くこと」というのを教えてもらった。耳の不自由な子どもにとっては、書いて伝えることが、人とのつながりをつくる大切な手だてである。そして、書くためには、書きたいことを見つける必要がある。それは、身近な出来事であり、日常の「変化」である。こんな教材探しも、できたらいいと思う。

（令和２年５月号）

# 今ごろ、どうしているかな？

新型コロナウイルスの感染拡大を防止するため、新年度早々の４月７日に政府から全都道府県に対して、緊急事態宣言が発令された。各地の状況等に鑑み、連休明けには、外出自粛等の措置を延長することが決められ、５月末まで、学校の臨時休業が続くことになった。

その後、ようやく、５月14日に緊急事態宣言が一部解除となり、13府県においては、学校再開を前倒しするとの報道がなされた。

６月の声を聞いた今ごろは、各学校において、手洗いや三密防止などの配慮を駆使しながら、教育活動が再開されていると思う。

令和元年度末から、令和２年度の始めにかけて、およそ３か月間、学校が臨時休業になるという突然のハプニングに遭遇して、子ども達も保護者も、そして教員も、様々な経験をしたことと思う。その折々に、先生方が思い浮かべたこと、それが「今ごろ、子ども達は、

どうしているかな?」、「元気でいるかな?」、「宿題をやっているかな?」などではないか。

これは、学校種別に関わらず、共通している事柄であろう。そして、小・中学校や高等学校においては、課題も出しやすい。それは、教科書があるということからも想像できる。ところが、特別支援学校の場合は、なかなか難しい。小学校等に準じた教育課程を編成し、学習活動を行っている子どもは、小学校等と同様に家庭学習も行いやすいだろうが、特別支援学校においては、個々の子どもの実態に応じた教育課程を編成している場合がある。この場合は、一人一人に応じた課題が必要になる。つまり、単純にプリント教材を提供しても、子どもが一人で自学自習することが難しいこともある。

障害のある子ども、一人一人に即した家庭学習の課題を考えること、これは、まさしく特別支援学校の教員の専門性の一つでもあると思う。

子どもによっては、家にじっとしていられない者もいよう。放課後等デイサービスなどの福祉施設で、支援を受けていた子どももいたことであろう。こうしたことを考えると、教育として、学校が行うべきことは何かという、根源的な課題も気になるところである。

さて、特別支援学校が、自宅で過ごす子ども達にどんなふうに関わっていたかについて、幾つかの学校のホームページを眺めながら、考えてみた。

ある学校は、ホームページに子どもや保護者がアクセスするコーナーを設け、学校や学級の様子、子どもが興味をもちそうな話題を取り上げていた。例えば、子どもの日に、紙で兜を折る写真を順番に見せて、家族と一緒に折って楽しめるようにしたり、クイズ形式で考えさせ、答えを求めたりしていた。

また、別の学校は、同様のコーナーを設け、鉄道模型が独りで動く映像などを提示していた。数百枚の写真を撮り、それを合成して動画を作成したのだろう。いずれも、子どもの興味・関心を知らないとつくれない教材である。

様々に工夫した教材を活用した指導が、学校再開後も継続して実践されることを期待したい。障害のある子どもにとっても、家庭で過ごす時間は貴重である。やはり、「今ごろ、どうしているかな?」と気にかけることが基本だ。

参考にした特別支援学校の情報は、こちらとなります。
○岡崎聾学校公式ブログ→http://okazakirou.blog.jp/
○筑波大学附属久里浜特別支援学校のびのびチャンネル→http://www.kurihama.tsukuba.ac.jp/wp/teaching-materials/

(令和2年6月号)

# 学校の再開

６月になり、ようやく、学校が再開し始めた。中旬になり、久里浜でも、朝、登校する子ども達の声が聞かれるようになった。どの子もマスク姿である。白色だけに限らず、異なる色であったり、模様が付いていたりするなど、多彩だ。中には、お母さんの手づくりのものもあることだろう。

さて、新型コロナウイルスの感染拡大を予防するため、学校においても、様々な取組が行われた。オンライン授業がその一つだ。最近は、リモート授業などという言葉も用いられる。会議にしても、然り。テレビ会議から始まり、ＷＥＢ会議、そしてオンライン会議も。恐らく、リモート会議も出てくるだろう。このような多様な表現が用いられると、例えば、聾学校の子どもは戸惑うだろうと考えたりする。以前、秋葉原（あきはばら）が、秋葉原（あきばはら）と呼ばれ、「どちらかに、はっきり決めてほしい」と思ったことがある。学校と家庭、職場と家庭など、いつもと異なる遠隔の状況下で、勉強を行ったり、仕事や会議を行ったりすることが、これから様々な形で試みられるだろう。名称は、使用される頻度によって定着していくことだと思う。

こんなことを考えているときに、「Society 5.0」という言葉が思い浮かんだ。今回の学習指導要領等の改訂においても取り上げられた。これからの我が国の社会の未来図でもある。内閣府が、科学技術政策として掲げ、具体的な模式図や動画なども紹介している。

それを眺めると、未来の社会生活では、ドローンが山間部に荷物を宅配したり、AI（人工知能）の入った家電やスピーカーが、人の声を聞いて答えたり、買い物の注文をしてくれたりする。高齢者が自宅で、遠隔診療を受けたりすることなども紹介している。AIやIoT（モノ（物）がインターネットのようにつながること）を活用した未来の社会の姿だという。

「狩猟社会」から「農耕社会」へ、そして「工業社会」、「情報社会」を経て、第5の新たな社会をデジタル革新やイノベーションを活用して実現するということから、「Society 5.0」と呼ばれている。

今回のコロナ禍は、結果として、Society 5.0への流れを加速する働きもあるのではないかと思う。

そうすると、障害のある子どもへの教育は、今後、どうなっていくのだろうと、あれこれ想像する。

オンライン授業やリモート授業、テレビ会議やＷＥＢ会議などの言葉の表現やその意味だけでなく、ＡＩなどが、子ども達の指導にどのように活用できるのか、具体的な内容を考えてみる必要がありそうだ。

それは、これまで、子どもの実態に応じて工夫してきたことの延長である。コロナ禍の中で、各学校では、連絡方法や教材、問いかけ方などを様々に工夫して、インターネットによる指導を実践した。若い先生方であれば、きっと発想が柔軟で豊かである。これから、それを更に生かしてほしい。

子どもが登校するようになり、また、新たな日常が始まった。元に戻すのではなく、見えにくいが、是非、先を見詰めたいものである。


（令和２年７月号）

# いろいろな船

特総研の前には、海（金田湾）が広がっている。右手には、三浦海岸、左手には、鋸山が望める。三浦半島と房総半島が広い東京湾を囲む形で、その入り口を狭めている。東京の晴海埠頭や横浜港、千葉港などに向かう船は、皆、特総研の前を通り過ぎていく。昔、黒船が横須賀に姿を見せたのも、こんな地形が影響しているのだろう。晴れた日には、いろいろな形の船が姿を見せる。地球儀を半分に切ったような球体を幾つか載せた船。これは、ＬＮＧ（液化天然ガス）を運ぶ船だ。横から見ると台形を逆さにしたような形の大きな船。これは、自動車を運ぶ船だ。そして、遠くから見るとマッチ箱をたくさん積んでいるように見える船も。これは、コンテナ船だ。

休日にテレビを眺めていて、偶然、「超巨大コンテナ船に乗せてもらいました」という番組に出くわした。英国から日本まで、２万５０００㎞の道のりを同乗して取材したものだ。「超巨大」と銘打っているだけに船首から船尾までの長さは４００ｍ。東京タワー

の高さよりも長い。そして、2万個ものコンテナを積んでいた。コンテナ1個の輸送料は30万円とのこと。日本の輸出入の99.6%が船による輸送らしい。そんな説明の中で、私が興味をもったのは、この巨大コンテナ船を乗組員26人で運行していること。さらに、その中に若い女性が1人加わっていたこと。「どうして航海士になったのだろう?」と思いながら見ていた。すると、幼いころ、父親の仕事で外国に暮らしていた。そのころに日本にいる祖母からいろいろな品物が届いたそうだ。「どうやって届くのだろう?」と、「物流」に興味をもったのが、船乗りになるきっかけだったという。

食料品などの荷揚げの際は、男性の乗組員に交じって作業をするが、腕力などはどうしても男性にかなわない。そこで、一度に運ぶ荷物を少なくし、回数を多くする工夫をして、自分の役割を果たしたという。

地中海からスエズ運河を通って中東へ。すると、アデン湾での海賊対策。緊張しながらの当直勤務の様子にも、仕事に取り組む真剣さが感じられた。

シンガポールから中国へと近づくにつれ、日本のコロナ禍の情報が入ってくる。結局、日本には戻れず、またヨーロッパへ向かう航海へ。なかなか、予定通りには進まない。突発的な出来事にいかに臨機応変に対応するか、これは、教育においても同じだなと思いながら見入る。

ふと頭に浮かんだことは、コロナ禍の中での教員の研修はいかにあるべきかということ。特総研においても、新型コロナウイルスの影響で、集合型、対面型の研修は中止になった。代替策として、期間短縮等によるオンライン研修に切り替えた。しかし、受講者の時間の確保という課題は残る。さらに、学ぼうとする意欲も必要だ。これは、「こんな仕事をしたい」という動機、その場に応じた自助努力、突発的な困難への対応、チームでの協力等、船乗りと教員、仕事は異なるが、両方に共通する視点がありそうだ。テクニックも必要だが、やはり志が大切な気がする。そして、OJT（On the Job Training（実際に仕事をしながら行う研修など））も。今の時期だからこそ、自分を見詰め直し、教育に取り組む気持ちを改めて喚起したいものだ。

（令和2年8月号）

# 新任教員の研究所見学

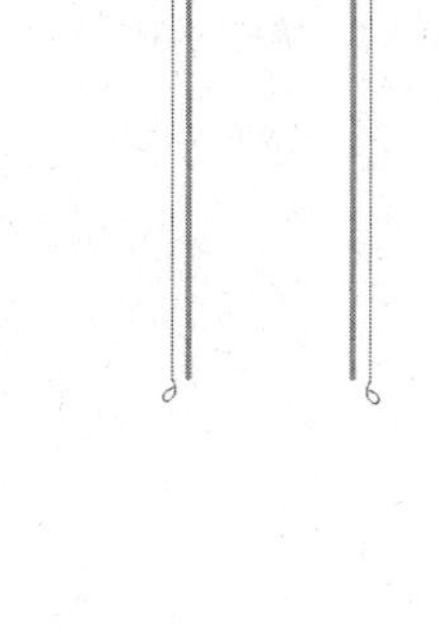


8月の初め、隣にある久里浜特別支援学校の新任教員が特総研の見学に訪れた。今年度の人事異動では、全国各地から大勢の先生方が着任された。4月に特総研の職員との顔合わせ会を本研究所の体育館で開いたが、その後は、新型コロナウイルスの感染症対策が必要となり、当初予定していた研究所見学も、夏休みに行うこととなった。

三密を避けるため、2回に分けて少人数のグループ編成にするとともに、実際に教材・教具を手に取って試せるよう、個別にビニール手袋も準備した。

始めに、私が先生方に挨拶をする機会があった。自分自身が44年前に筑波大学附属聾学校（当時は、東京教育大学附属聾学校）に赴任したころを思い出し、当時のエピソードを伝えることにした。

1日目の挨拶では、附属学校の使命について話した。当時、私は、先輩から「附属学校の使命は何か？」、「附属は何をしなければいけないか？」と、耳に胼胝《たこ》ができるほど聞か

された。「附属の使命は、『実験・実証』だ！」、「公立の聾学校に役立つ実践をすることだ。」と。そこで、予めホワイトボードに「実験・実証」と書いておき、参加者の一人に、「附属の使命は、何だと思いますか？」という問いかけの後、それを見せて説明した。

今、国立大学の附属学校の使命が問われている。新しい先生方には、改めて、久里浜特別支援学校の存在意義を考えてほしいと思う。

２日目の挨拶では、私が就職したころのもう一つのエピソードについて話そうと思った。当時は、授業の〝テクニック〟よりも、仕事に取り組む〝姿勢〟に対する叱責が多かった。「附属が、何を目指すか？」と併せて、「一人一人が、附属で何を追求するか？」を問われた。具体的に言うと、「附属聾で、お前は何をしたいのか？」ということ。初めは何を言いたいのか、分からなかった。しかし、数年過ごすうちに、「聾教育の多様な専門性の中で、何に興味をもち、それを追求することを通して、聾教育の様々な課題を考えろ！」ということかと考えるようになった。

当時、私は、「読める子ども」を育てたいと思っていた。一般的には、教科書を読んで理解できる子どもというイメージを浮かべるが、聾教育では、もっと生活に身近で、根源的な読みの課題がある。例えば、廊下にちり紙が落ちているときに、一緒にいた子ども達に「誰かゴミを拾ってくれるといいんだけどなあ。」と声をかけても、「私が落としたのではありません。」という答えが返ってきた。また、教室の後ろの黒板に、「集金袋は、来週の火曜日に持って来てください。」と書いておいたのに、火曜日の朝、子ども達が登校する前に教室に行ってみると、教卓の上には、集金袋が並んでいた。月曜日が出張なので、「火曜日に」と書いたのだが、それが通じなかった。

挨拶では、こうしたことを説明するため、「附属で何をしたいですか？」などとホワイトボードに書き、やはり一人の先生に問いかけた後、私の経験談を話した。2日間の、それぞれたった5分間だが、昔を思い出しての私の拙い「授業」だった。「どんな学校にしたいか？」、「何をしたいか？」、これらは、今も変わらぬ附属学校の追求すべき課題だと思う。

（令和2年9月号）

## 個々の特性や違いに応じること

毎週、土曜日に東京の自宅に帰る。そして、日曜日に、また久里浜に戻って来る。そんな生活を続けて何年になるだろう。今年の3月からは、新型コロナウイルス感染症拡大防止のため、しばらく久里浜に留まる日も続いた。ゴールデンウィークが過ぎ、いつの間にか夏休みも終え、空はもう秋の気配だ。しかし、今年はなかなか気温が下がらず、残暑が続いている。

9月に入り、東京への行き帰り、ようやく街をぶらぶらできるようになった。本屋を覗《のぞ》くのが、息抜きの一つである。最近は本を直に眺めず、インターネットで購入する方法が一般的になりつつある。コロナ禍の中で、それが一層加速したようだ。確かに手間も省け便利である。でも一方では、古本屋を覗いたり、本屋で新刊書を手にしたりする「面倒」も、必要な気がする。

先日、本屋で時間をつぶしていたら、おもしろい本に出くわした。ある落語家が、自分

の体験をまとめたもので、立ち読みでは物足りなくなり、購入して帰ることにした。

有名な落語家のお孫さんで、そのおじいさんの下に弟子入りし、自分も落語家になった。子どものころ、文字や文章を読むのが苦手で、様々な失敗を繰り返したとのこと。でも、落語は耳で聞いて覚えたそうだ。苦手なこともあるが得意なこともある。人それぞれだと思う。そういえば、最近テレビでもよく見かける。大人になってから、医師の診断を受け、自分の障害が分かり、それで精神的に楽になったそうだ。今では、真打ちとして、お弟子さんも抱えるようになった。すると、その中には自分と同じような傾向のお弟子さんがいるという。しかし、その状態は自分と同じではなく、違いがあるそうだ。この本を読みながら、教育に思いを馳せた。

「一人一人の個性を知ろう」、「多面的な見方をしよう」、「一人一人の違いに着目をした指導を考えよう」などと、今、個に応じた指導の大切さが指摘される。しかし、これは今に始まったことではない。特別支援教育の前身である特殊教育の時代から引き継がれてきた子どもの見方・考え方である。

最近は、発達障害が話題になることが多い。しかし、個に応じた指導は、発達障害に留まらず、視覚障害や聴覚障害等他の障害においても指導実践されてきたことである。そう考えると、歴史の長い盲教育や聾教育等の「経験知」や「実践知」を活用することが必要ではないか。

勿論、同じことを同じように実践すればよいという訳ではない。何より、子どもが異なる。時代の進展により教材・教具も進歩している。だから、子どもに応じて、今風に創意工夫や改良を加えて指導に取り組みたい。

“diversity”という言葉が多用される今日、個々の子どもの多様性に着目した指導が求められる。特別支援教育においては、従前から個々の子どもの特性や違いに応じた指導が追求されてきた。具体的な方法は、個々の子どもをよく知っている一人一人の先生に委ねるとしても、その精神は、先人からのレガシーとして、引き継いでいきたいものである。

（令和2年10月号）

## 褒める教育だけでは…

特総研がある横須賀市には、ＹＲＰ（ヨコスカ リサーチ パーク）と呼ばれ、研究開発活動を行うための自然豊かな環境が整えられ、通信等に関わる複数の企業が研究所を設けている。他にも、海岸線に沿って、港湾等の整備や防災等に関する研究所、海や地球に関する研究所、次世代の自動車開発を行う研究所など多彩である。加えて、久里浜には法務省関係の施設もある。問題行動を起こした若者が矯正教育を受けている。こうした若者には、特別支援教育と関わりのありそうな者もおり、最近、その施設の教官と本研究所の研究員が、生徒の指導方法等に関する情報交換を行ったり、特総研の専門研修を受講していただいたりするなどの、交流の機会が増えている。

本研究所は、これまで、教育機関との関わりが主であったが、徐々に厚生労働省管轄の福祉・医療関係機関等との関わりも増えつつある。そして、今では同じ市内にある法務省管轄の機関とも交流するようになった。

これからは、子どもを中心として、様々な関係機関が、それぞれの特性を生かしつつ、連携協力を図りながら、子どもの可能性を一層伸ばす取組が求められている。

そんな背景がある中で、ふと、ある本を目にする機会があった。法務省管轄の施設（非行を行った少年達の矯正に携わる）で、医師として長く勤務された方が書いたものである。読み進む中で目にしたのが、「褒める教育だけでは問題は解決しない」という言葉である。昨今、教育においては、「褒めて育てること」がもてはやされている。それはその通りだと私も思う。しかし、やみくもに褒めそやす様子を見るたびに、これでいいのだろうかと思ってきたことも確かだ。

著者は、「褒めるだけでは足りないよ」ということを読者に伝えたかったのだろう。そして、その子の課題にしっかり向き合ってほしいというメッセージと受け止めた。例えば、算数の勉強が分からなくて、やる気をなくし、粗暴な行動を繰り返すようになった子どもには、子どもに合った算数の課題に取り組ませ、「分かること（＝自信）」に気付かせたいと。

私は、聞こえにくい子どもの教育に携わった。そこで学んだことは、褒めることや叱ることは、コミュニケーションの一つだということ。褒めるにしても、その子どもの「どこがすばらしいのか」、「いいところなのか」を本気で思い、子どもに伝える。叱る場合でも、単に非難するだけではなく、「ここは直してほしい」、「あなたならできるはずだ」という気持ちを込めて叱る。メリハリを付けるとともに、子どもに対する「思い」が表出されるのがコミュニケーションとしての「褒めること」、「叱ること」だと思う。

先の著者の言いたかったことも、教育として大切にしたいことである。

さらに、失敗し続けて自信をなくした子ども達が変わるためには、「自己への気づきがあること」と「自己評価が向上すること」が、きっかけとして重要であるとも述べている。「子どもの心に扉《とびら》があるとすれば、その取手は内側にしか付いていない」（つまり、自分で開けるしかない）という言葉が印象的であった。

（令和２年11月号）

## オンラインによる研修のその後

今年度に入り、特総研では、新型コロナウイルス感染症の拡大を防止するため、オンラインによる専門研修や研究協議会などを行ってきた。

専門研修は、もともと2か月間の来所型の研修である。年3回、学校で言えば、学期毎に開催してきた。来所して研修に取り組むことを楽しみにされていた各学校の先生方もおられよう。一学期は、準備が間に合わず、研究所のホームページを使って、参加予定の先生方の情報交換の場を設けた。二学期と三学期は、研究所の「学びラボ」などを予め視聴していただくとともに、所内の研究員による、それぞれのコースの講義などを収録し、それを視聴することで、今知っておいてほしい事柄などについて、各自、オンデマンドで学習してもらうことにした。また、それぞれのコースの参加者と研究所の担当する研究員が相互にメールでやり取りできるような工夫もした。

また、特総研は、全国特別支援教育センター協議会（以下、全特セ）の事務局を担当している。今年度は、青森県総合学校教育センターが主管し、全特セの青森県大会をオンラインで実施した。文部科学省からの行政説明、京都府や青森県からの研究発表、そして、特総研からの指導助言など、全国をWEBで結んでの大会となった。音声も映像も途切れることなくつながり、全国の特別支援教育センター協議会のメンバー相互の交流が実現した。

また、11月にはオンラインによる3つの研究協議会が予定されていた。先陣を切って、高校通級に関する研究協議会が行われた。ここでは、18のグループに分かれて、グループ別協議も実施した。参加者を各グループに振り分け、研究職員の司会の下、やり取りを行った。スムーズなやり取りとともに、文部科学省の特別支援教育調査官が講評の際に生かせるよう、各グループの協議の様子を覗《のぞ》けるようにもした。

このように、オンラインによる研修等の内容も少しずつ向上している。

そして、年末から年始にかけては、「研究所公開」をオンラインで実施することを企画している。こうした取組には、研究職員に限らず、関係する事務職員も全力でサポートしている。機器の進歩は著しく、それに付いていくのは容易ではないが、特総研としては、先生方の研修の機会を逸することがないよう、応援をしていこうと努めている。

こんな様子を眺めながら、気付いたことがある。それは、資料を提示したり、話し方を工夫したりする際には、相手がどのように見ているか、受け止めているかを想像して、資料の内容や話す順序等を工夫したいということ。コミュニケーションでは、先ずは相手に話し手の意図が伝わらなければいけない。そして、伝えたいことを聞き手がどこまで受け止めているか、更にどのように理解し解釈しているかを想像して、やり取りを進めなければいけない。「準備しました。」、「伝えました。」、「分かっているはずです。」という一方通行のコミュニケーションは控えたい。オンラインでやり取りをせざるを得ないこの時期であるからこそ、「相手の様子や思いを想像する」という基本的な姿勢を大切にする必要があると思う。

（令和2年12月号）

# ホワイトアウト

季節が冬になり、雪が吹き付ける北国などでは、風が強いときなどに、ホワイトアウトという現象が起こる。この言葉は、吹雪になった幹線道路で、周囲が真っ白になり、視界が効かなくなって、トラックなどが立ち往生したりするような状況を想像させる。

ホワイトアウトは、山でも起こり得る。雪山で、濃いガス（白い霧）に覆われ、周囲が白一色になり、視界が効かなくなる。見えるのは、足元だけ。進もうとする道や歩いてきた道が全く分からなくなったりする状況が浮かぶ。

実は、学生時代に山登りをしていた。山の会というサークルで、夏も冬も、時間があれば、秋も春も、山に出かけていた。学生時代は、お金はないが、時間は融通が利く。アルバイトでお金をためては、仲間と山行を重ねていた。いつのことか記憶が定かではないが、多分、春山でのことだったと思う。尾根から下ってきて、白馬大池（夏は、お花畑で有名だが…。）に差しかかった所で、標記のホワイトアウトを経験した。

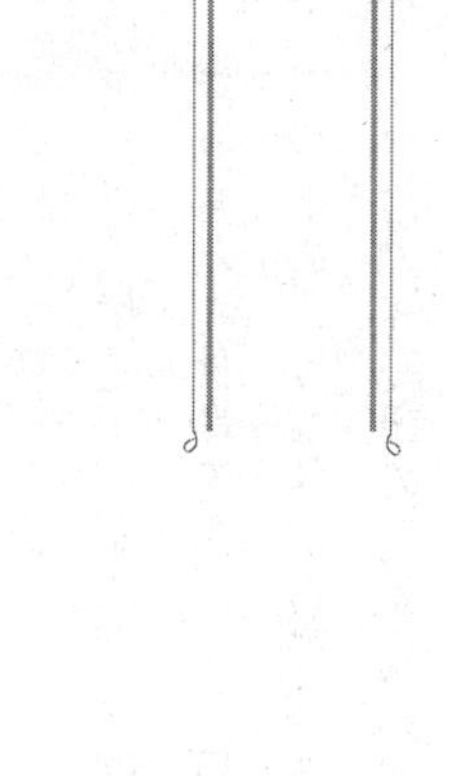

周りはガスがかかり、真っ白で何も見えない。足元の雪は見えるが、歩いてきた足跡も、誰かが歩いたトレースも見えない。仲間とどうしようかと悩むことに。大事なことは、焦って歩き回らないことである。その場に立ち止まって、ガスが薄くなったり切れたりして、何か、今いる位置を推測できる手がかりを見つけられる幸運を待つしかない。いざとなったら、その場にテントを張ってビバークし、天気の回復を待つことも。

随分と時間が経ったと思うが、運よく、ガスの晴れ間から稜線が見え、位置を確認し、目的地へ下山することができた。

こんな経験から、「待つこと」を覚えた。運を天に任せて、じっとしていることの大切さも。あやふやな予想で動くことの危うさも感じた。動けないときは、先ずは足元をしっかり見ることの大切さも。そして、仲間と各自の意見を出し合い、率直な議論を行って、最後はリーダーの指示に従うことの大切さも。遠い昔の話だが、何故こんなことを書く気になったのだろう。

特別支援教育を取り巻く状況の変化は著しい。併せて、第五期を迎える特総研を取り巻く状況も様々だ。独立行政法人として、課せられた使命を果たせなければ、将来が見えないとも言える。今後、特総研がホワイトアウトのような状況に遭遇することもないとは言えない。そんなとき、どうすればよいか。それは、特総研の足元(現状)をしっかり見詰め、職員がこれからの特別支援教育の在り方や特総研の有り様を議論し、最終的には、職員の力を総結集して、進むべき道を見つけ、邁進しなければいけないのだろうと思う。今年、第５期中期目標期間や創立50周年を迎えるに当たり、特総研の使命は何か、どのようにそれに立ち向かえばよいか、これらは、ホワイトアウトの状況になくても、常に考えたいことである。

特総研が、１００周年に向けて歩みを進めることは、山登りと同じだと私は思う。特別支援教育に携わる人達には、昔を振り返るとともに、今を大切にし、未来を創造していってほしい。焦らず、一歩ずつ着実に前に進もう。

（令和３年１月号）

# 一枚の年賀状

1月7日に、新型コロナウイルス感染症の著しい地域に2度目の緊急事態宣言が出され、不要不急の外出を控えたり、職場においても、テレワークを一層推進したりすることが求められている。

家で、窓から入る日差しに温まりながら、年度末の仕事に向かっている方も多いことだろうと想像する。いつの間にか、松の内や成人の日も過ぎ、正月に届いた年賀状に、改めて目を通している方もいよう。私自身、少なくなった年賀状に目を通していて、気が付いたことがあった。

昔の教え子からの一枚の年賀状である。今どきのものゆえ、印刷された文字ばかりではない。その背景に写真も添えられていた。家族でお宮参りをしたときに写したものであろう。一言、手書きの言葉も添えられていた。「子どもが3歳になり、4月からは、幼稚園に入ります」と。

私は、聾学校に勤めていた。小学部で13年間、子ども達と過ごしていた。当時は、3年間ずつ、一人の先生が担任をする仕組みであった。小学校のように、1年間や2年間では、なかなか子どもとの関わりが深まらないし、指導の結果も見えないということで、「3年間、担任をする」という慣習であったのだろう。このことは子どもとじっくり関われるという意味でのよさもあったが、担任の考えが子どもに映し出されるという怖さもあった。

最初は、高学年を担任していた。年賀状の送り主は、初めて低学年を受け持ったときの教え子である。言葉の面で厳しさのある子どもだった。聞こえにくい子どもに言葉の指導を行うことは、聾教育の永遠の課題でもある。あれこれ、自分なりに工夫して指導をしたものだが、なかなか効果は上がらなかった。一番の思い出は、1年生の秋の講習会で、小学部では個別指導の授業を提案することになった。その子を対象児として授業を組み立て、本番に臨んだ。ところが、参観者がぞろぞろと教室に入って来るなり、いつもと違う雰囲気に驚いたのだろう、泣き出されてしまった。全然予想もしていないことで、私の方が泣きたいくらいだった。まだまだ、子どもの気持ちを想像することができなかったのだろう。自分の至らなさを子どもに謝るしかなかった。3年生になり、秋の講習会で、同じように個別指導を提案することになった。私は再びその子に登場してもらい、授業を見てもらうことにした。そのときは、泣かずに、終わりまで、私とのやり取りを参観者に見てもらうことができた。

年賀状の送り主は、そんな教え子である。今は、幾つになったのだろうと、指折り数えてみた。当時は、「こどもことばえじてん」を使って、やり取りをしながら言葉を増やそうとした。家庭でもお母さんとそれを使ってやり取りをしたそうだ。後で、ぼろぼろになった辞典を見せてもらった。

小学部高学年、中学部、高等部、その後、社会に出て、周囲の人々の助けを得ながら、今は「お母さん」として社会に溶け込んでいる。一言、自筆でメモを書いてくれたことが何より嬉しかった。改めて、子どもの可能性を思い浮かべた。さらに「自立とは？」、「社会参加とは？」を考えた。いずれも子ども一人一人に合ったものがあると思う。決して、型はめをせず追求したいものだ。

（令和3年2月号）

# 転換と移行

令和３（２０２１）年度に、特総研は創立50周年を迎える。その準備も佳境に入りつつある。今年度の研究所セミナーは、１年前だが、それを記念して、「インクルーシブ教育システムの推進—共生社会を目指した新しい時代の特別支援教育を考える—」と題して、２月27日に開催された。新型コロナウイルス感染症の収束が見通せない中、インターネットによる配信で実施した。オンラインパートとオンデマンドパートに分け、オンデマンド配信は、３月26日まで視聴可能である。

オンラインパートの記念講演を担当することになり、昭和46（１９７１）年10月に設置された本研究所が、50年間でどのような歩みをしてきたのか、自分なりに振り返ってみた。すると、平成13（２００１）年で区切りよく、二つに分けられることが分かった。その年度は、特総研が文部省直轄の研究所から独立行政法人に移行した年である。前半の30年間が直轄の研究所であった時代。後半の20年間が独立行政法人としての研究所の時代に当たる。独立行政法人は、5年間の中期目標期間を繰り返しながら、運営することになる。したがって、令和2（2020）年度で第四期を終え、令和3年度からは第五期中期目標期間を迎えることになる。

ここでは、平成19（2007）年度から国立特別支援教育総合研究所に改称したころのことについて述べよう。

平成18年の通常国会で、学校教育法の一部改正が行われ、それまでの特殊教育から特別支援教育に移行した。そのころにしばしば「特別支援教育への転換」という言葉が用いられた。それまでの特殊教育は盲・聾・養護学校と小・中学校における特殊学級や通級による指導での教育が中心だったが、これからは、小・中学校等の通常の学級における支援の必要な子どもへの教育も行う特別支援教育に変わるのだと言われた。それが転じて、特別支援教育は発達障害の子ども達への教育を指すのだという誤解も耳にした。過渡期であるからこそ、このような現象が生じたのだろうと、今になって振り返れば、そう思う。

視覚障害や聴覚障害等の従来から指導してきた障害のある子ども達への教育も、特別支援教育は含むのだが、当時、話題になりがちなのは発達障害の子ども達であった。

その原因の一つは、特殊教育から特別支援教育への転換という表現であったように個人的には思う。特殊教育を否定して特別支援教育を際立たせる、そんな形で話題にされがちだったからだ。特殊教育の時代に教員として育てられた私は、何故か否定されているような感覚さえ覚えた。特殊教育にもいいところはある。引き継ぐべきものがある。それを意識してもらうためには、転換よりも移行の方が、ニュアンスとして適切であるように思っていた。changeよりも、transitionか。特総研のこれからをつくるためには、これまでの足跡を振り返りつつ、前を見詰めたい。決して、安易な前例踏襲に陥ることなく、これまでの経験を生かして前進したいものである。

（令和3年3月号）

# 第8章

# 令和3年度

# 教材の発見

テレワークの日の昼休み、テレビを見ていて、気になるコマーシャルを見つけた。「ACジャパン」の広告である。

絵本の中の1ページであるかのような、ほのぼのとした雰囲気を醸し出す背景画が目に入る。段ボールの箱の中にかわいい子犬が見える。箱の傍には、女の子とお母さん。子犬をじっと見詰めている。そこで、「親切な人に、見つけてもらってね。」というナレーションが流れる。

ふと、ここまでの映像を流し、教え子（聾学校小学部の3年生）に見せたら、どんな風に受け取るだろうと想像する。勿論、ナレーションについては、黒板に書いて伝える。

A君は「子犬を拾ったんだ。かわいいね。」と言う。すると、B子さんは「子犬を捨てたんじゃないの？」と、自分の考えを主張する。

そこで、私は「A君は、どうして、『拾った』と思うの？」、「B子さんは、どうして、『捨

てた』と思うの？」と、それぞれに理由を訊ねる…。

「だって、『見つけてもらって』と、言っているもん。」、「誰がそう言っているのかな？」、「どんな人に見つけてもらいたいの？」、「どうして、そう思うの？」などの発問が浮かび、会話が弾む。「やりもらい」の概念は、聞こえにくい子どもにとって、容易な課題ではない。そして、指導法の決め手が見つからない課題でもある。だからこそ、身近な話題で考えさせたいと思う。教材は身近にたくさんある。それを使って地道に子どもと一緒に考えたいと思う。

この広告は、まだまだ発展させて扱うことができる。お母さんの目をよく見ると、涙が溜まっている。だから、その理由を問いかけ、子どもの経験に結びつけながら、「捨てる」や「別れ」に結びつけることもできる。

もし、高学年の教え子に対して、この広告を用いるとしたら、これらの後に流れるコマーシャルの展開が使える。ほのぼのとした絵の場面から、急に声色が変わり、「どんな理由があろうと、どんなに心を痛めようと、動物を捨てること、虐待することは、犯罪です。」というナレーションが流れる。驚きとともに、「本当に伝えたいこと（広告のテーマ）は、これだ。」と思う。

「親切な人に見つけてもらってね。」は、一見、優しそうな心の表現だと思えるが、「実は、動物虐待につながることだよ。」と考えてほしいと。この広告の提供が、日本動物愛護協会であることが画面に現れる。高学年の子どもともなれば、「動物を捨てることは、動物を虐待することと同じだよ。」ということも考えさせたい。さらに、「愛護」という言葉の意味についても。

今の時代、インターネットで調べれば、気になる広告の内容が探せるし、子どもに映像を見せながら考えさせられる。とても便利だと思う。

子どもの興味・関心を知り、それに合った題材を見つけ、個々の子どもの指導のねらいを設定した上で、展開を工夫する。評価は、実際に子どもに当たってみなければできにくいが、身近な題材を活用しての教材研究は、工夫次第で、いくらでもできそうだ。「主体的・対話的で深い学び」は、先ずは先生から。そんな気がする。

（令和3年4月号）

# 声をかける

4月に入り、隣の久里浜特別支援学校の入学式に出席した。校門の近くにある桜は、既に見ごろを過ぎ、葉桜になっていた。翌日から、朝、登校する子どもに話しかける先生方の声が響いてくる。それに応える子ども達の声も。「いよいよ、新学期が始まったな。」という気持ちになる。

春休みは静かで、満開の桜を愛でる人も少なく、花も寂しげだった。特総研でも、同じように多くの新しい研究員等を迎えて、新年度が始まった。新年度の挨拶は、新型コロナウイルスの影響で、オンラインによる式となった。昨年度の経験から、声だけでなく画面に資料も提示して、私の思いを伝えた。

今年度から、第五期中期目標期間が始まる。令和7年度までの5年間である。中期計画を策定し、それに基づいて毎年度事業を展開していくことになる。中期計画の策定に当たっては、時間をかけ、文部科学省とも打ち合わせをしながら、職員全体で作業に当たった。それは、これから実施しようとすることを他人事とせず、自分のこととして考えてほしいからである。

次は、「実行」である。いくら立派なことを書き表しても、画餅となっては、元も子もない。そこで、当たり前のことだが、職員には、「協力すること」を心がけてほしいとお願いした。

10人近くの新しい研究員等を迎え、協力するには何が必要かと考えた。「関係性」だと思う。入る者と迎える者とのつながり（関係性）を築くことが大事だと思った。つながりをつくるためには、相手がどのような人かを知る必要がある。これまで、共に働いてきた者同士でも、相手がどのような人か、十分考えていないこともある。なぜなら、それは関わりがマンネリ化していたり、あの人はこんな人と思い込んでいたりする場合があるからである。

子どもと同じように、大人も成長する（変わる）と私は思う。変わるという意味は、考え方の幅が広がるという意味である。知的障害のある子どもの成長に関して、縦の発達は厳しいかもしれないが、横の発達はあると聞かされたことがある。これは、経験を積むことによって、身近なことができるようになることでもある。我々大人も、考え方を広げたり、深めたりすることは、日々の努力により、可能だと思う。

こんなことを考える中で、つながりをつくったり、絆を深めたりするためには、どこから出発すればいいのだろうかという問いに行き当たった。

そして、隣から聞こえてくる、子ども達や先生方の声が思い浮かんだ。先ずは、声をかけることから始めよう。それは自分を知ってもらうことでもあり、あなたとつながろうという意思表示でもある。何も挨拶をしようというふうに、かたくるしく考える必要はない。声をかけることから、互いの関係性を確かめていこうということである。もし、声を出す気分でない場合は、頭をちょこんと下げるだけでもいい。

パソコンの画面を見ながらのメールによる会話は便利でよいかもしれないが、何か物足りない。それは、そこに相手の顔が見えないということからかも。先ずは、相手の顔やしぐさを確かめながら、一声、かけてみよう。

（令和３年５月号）

# 専門研修が始まる

令和3年度の第一期特別支援教育専門研修が始まった。

当初は、2か月間の研修期間中に1週間の来所期間を設けて実施することを考えていた。しかし、新型コロナウイルスの感染は、なかなか収まる目途が立たず、大阪府や東京都などにおいては、3回目の緊急事態宣言が出されることになった。そこで、70名ほどの研修員に対して、全期間、オンラインで研修を実施することにした。昨年度は、中止にしたり、期間を短くしてオンライン等で行ったりするなどの工夫を講じたが、各都道府県の教育委員会からは、専門研修に対するニーズが高く、今年度は、どのような形で専門研修を行うか、思案のしどころであった。結局、昨年度の研究所セミナー等の経験を踏まえ、2か月間のオンライン研修の実施に落ち着いた。

しかし、特総研にとっては、初めての試みである。5月10日から7月9日までの間、円滑に進められるか、特総研の〝チーム力〟が問われる日々が始まった。

例年の専門研修と同様に、開講した日に理事長として話をする機会が設けられている。研修員に本研究所へ来所していただいて、大研修室で話すときは、それぞれの顔を眺めながら話ができる。今回は、モニターに映る受講者の顔を見ながら話す。しかし、資料の画面共有で、スライドを提示するため、受講者の表情も、ほんの一部だけになる。一方、受講者は、職場や自宅で、個別にパソコンの画面を眺めている。一人ぼっちで講義を聞くことになる。それが、２か月間続くことに。

講義をする者が、どこまでこうした受講者の状況や心情に寄り添えるか、それが今回の専門研修の目的を達成できるかどうかの鍵を握ると思った。

休憩時間を頻繁に取る。スライドの資料には、文字だけでなく、絵や写真を添える。聞くだけでなく、作業をしたり、質問に答えたりする時間を設ける。オンラインではあるが、小さなグループに分かれて協議するなど、講師が思い思いに工夫をしている。十分なサービスとまではいかなくても、できる範囲で、講師が受講者の立場を想像すること、これは、日々の授業における子ども達の思いを想像することと同じだ。決して、立て板に水の如く、一方的に話すことに終始してはいけないと思う。

新型コロナウイルス感染症という誰も予期しなかった困難に対して、講義における双方の日々の努力が、２か月後にどんな形で聞く者と伝える者との間のつながりとして実を結ぶか、不安でもあり、楽しみでもある。

危機管理には、2つの視点があるという。リスク・マネジメントとクライシス・マネジメントである。前者はトラブルが生じないように、事前にあれこれ条件整備をすることであり、後者は不幸にしてトラブルが生じた場合の迅速かつ適切な対処法について考慮しておくことである。

2か月間のオンラインによる専門研修を考えていて、これら2つの視点が頭に浮かんだ。ハプニングをゼロにすることは無理だ。でも何か生じたときに特総研として力を合わせて、リスクを最小限に抑えることが大切だと思う。


（令和3年6月号）

# 「なぜか？」を考えさせること

昔、聾学校で子ども達と日々の授業に励んでいたころ、先輩からこんなことを言われた。「子どもに考えさせる発問は、何だと思う？」と。「５Ｗ１Ｈでしょうか。」などと頭に浮かんだことを思いつきで答えたような気がする。本当はもっと子どもの立場になって、真剣に悩めという忠告だったのだろう。

そして、「『なぜ？』という発問が、授業の中で使われているかどうかを自分なりに振り返ってごらん。」と、考えるヒントを付け加えてくれた。

それ以来、「なぜか？」という問いを心がけるようになった。しかし、やみくもに「なぜか？」、「なぜか？」と問いかけても、子どもが返答に苦しくなることも学んだ。考え方を十分身に付けていない子どもには、「なぜか？」に対する考え方、答え方を、先ずは身に付けさせなければいけないことを知った。

小学部の低学年の子どもには、「雨の日に傘をさすのは、なぜ？」、「カレーライスを食

べるときに、スプーンを使うのは、なぜ？」などと、生活の中で、「なぜ？」という問いに答えられるようにすることから始めた。

そして、当時、小学校3年の国語科の教科書に載っていた「サーカスのライオン」という話で、主題でもあるライオンのじんざが、火災に巻き込まれた子どもを助けるために、「火の中に飛び込んでいったのは、なぜだと思う？」という発問に答えられるようにしたいと思った。

こんな経験から気付いたことは、「なぜか？」という問いは、確かに、子どもに考えさせる発問であるということ。そして、「なぜか？」を考えさせるためには、日ごろから、「なぜかというと…。」という表現を用いて、物事の理由や根拠を話題にしながら、教師が自ら考え、子どもに語りかけていかないと、子どもは真似をしないし、考えるようにはならないということだ。

こんなことを考えていて、昔、調査官をしていたころのことを思い出した。ある学習指導要領の改訂の折、上司から、こんなことを言われた。「なぜ、このように変えたのか、その理由を説明するように。」と。「どうしても、これはこうですよ。」という字句の解説になりがちであったので、その言葉をとても新鮮に受け止めた。しかし、「なぜ、そのように変えたのか？」は、事前にあれこれ調べたり、調査官同士で議論したりして、その理由をこちらが整理しておく必要があり、説明するのが容易ではないことも学んだ。

今回の改訂で言えば、「なぜ、前文を付けたのか？」、「なぜ、カリキュラム・マネジメントが必要なのか？」などであり、特別支援教育で言えば、「知的障害特別支援学校の教科の内容が詳しく示されたのは、なぜか？」や「自立活動の内容が27項目になったのは、なぜか？」であろう。また、小学校学習指導要領の各教科等の指導における配慮事項として、「障害のある児童などについては、学習活動を行う場合に生じる困難さに応じた指導内容や指導方法の工夫を計画的、組織的に行うことが盛り込まれたのは、なぜか？」などである。

子どもに主体的に考えさせるためには、教師が自らその範を示す必要があると思う。そのためには、教師も「なぜか？」を考える姿勢が大切であり、その姿勢が、ひいては子どもの姿勢に反映していくのではないかと考える。


（令和３年７月号）

## 第一期特別支援教育専門研修が終わる

第一期の特別支援教育専門研修が7月9日に無事終了した。6月号のNISEダイアリーで書いたように、今回の専門研修は一つのチャレンジだった。何しろ2か月間ずっとオンラインで実施するというもの。1日や2日、あるいは、1000人近くの参加者を得てのオンラインでの研究協議会やセミナーの経験はあるものの、2か月という長期間に及ぶものは、特総研として初めてであった。

ハードの面では研修情報課の研修支援室が主に対応し、ソフトの面では研修事業部の研修企画担当と第一期特別支援教育専門研修の実施グループが主に担当した。閉講式の前日(7月8日)には、11の班に分かれて実施してきた研究協議のまとめとして発表会が催された。集合型の研修であれば、大研修室に研修員が集まり、和気藹々《わきあいあい》の雰囲気で行われるものだが、今回はオンラインでの実施。果たしてどうなるものかと心配したが、それぞれの研修員が日ごろから意思疎通に工夫を凝らしておられたのだろう、オンラインでのユニークな発表会となった。このような専門研修を通して、いろいろなことが頭に浮かんだ。それらについて述べてみよう。

**＜予想外のことにどのように対応するか？＞**

新型コロナウイルスの感染拡大で、予想もしないことが起こる。専門研修も、当初は研修員に一週間の来所期間を設けた。しかし、取り止めざるを得なかった。「予定は未定にして決定にあらず」の言葉通り、何事にも突然の変更が起こり得る。「起こったときにどうするか？」そして、「それなら、こんなことはできないか？」とポジティブに考えることが大切だ。班に分かれて行う研究協議の発展として、自主研修の時間（16時15分から17時15分まで）にもオンラインで班ごとにミーティングを行えるようにした。単純なことかもしれないが、ハードとソフトの両面での協力がないと実現しないことだ。

**＜ＰＤＣＡの大切さ＞**

この言葉はよく耳にする。しかし、それだけに、かえって頭の中を素通りすることもあろう。今回の専門研修は、オンラインによる初めての2か月間の研修であったことから、ＰＤＣＡの視点でじっくり見直したい。Ｐ（計画）の妥当性、Ｄ（実施）におけるつまずきや困難性、C（評価）における担当者と研修員の「声（感想や意見）」を照合した分析など。

そして、特に重視すべきことは、A（改善）としての今後の工夫（柔らかな発想）である。

特総研は、今年度から第五期中期目標期間に入り、本研究所ならではの「研修の在り方」が期待されている。それに結びつく、Aや新たなPでありたいと思う。

＜一人一人がもっている役割（責任）を果たすこと＞

「特総研ならではの研修」と同様に「特総研ならではの研究活動」が求められている。大学等とは異なった研究活動とは何か。人から言われてやることではない。コロナ禍の中で、オンラインで2か月間の研修をやり遂げたように「特別支援教育に関わる『実際的な研究を総合的に行う』こととは、具体的にどんなことか？」、一人一人の研究職員や事務職員に考えてほしいと期待する。これは、一人一人が協力しないとできないことであると思う。

また、特総研の職員だけに限らず、関係する人達の力を借りて行うことでもあろう。

専門研修を終えて、これらの気付いたことを今後に生かしたい。

（令和3年8月号）

# あてレコのすすめ

この夏は、新型コロナウイルスの感染が拡大し、旧盆時の里帰りの自粛などが話題となった。その結果、「オンライン里帰り」などという言葉も耳にした。動画を用いた故郷の祖父母とお孫さんとの意思疎通である。画面に映る祖父母の笑顔が印象的だった。

このように、携帯電話での通信では、音声に加えて添付するものが、写真から動画へと推移してきたように思う。新型コロナウイルスの感染がもたらした変化の一つかもしれない。

携帯電話による近況報告においても、例えば、赤ちゃんの写真に留まらずその動画などが多くなった。子どもが１歳過ぎともなると歩けるようになり、行動が活発になる。写真ではその様子が伝え切れなくなり、動画を撮影して、もっとリアルに子どもの様子を伝えたいという思いが想像できる。

先日届いた携帯電話の動画を眺めながら、気付いたことがある。それについて述べてみ

よう。先ずは、事の経緯から説明する。

赤ちゃんが1歳3か月になり、家の中を自由に動き回るようになったようだ。それで危険防止のため、台所の入り口に柵を設置した。ところが、たまたま扉の鍵が開いていたのだろう。赤ちゃんが自分で中に入り、内側から扉を閉めて鍵がかかってしまったようだ。こんな場面での出来事である。

赤ちゃんが両手で扉の格子をつかみ、半べその表情で何かを訴えている。すると、お母さんが「自分で入ったんでしょ。」と一言。その後、赤ちゃんが「◇○□▽、&#%$。」と独り言を言う。何かいい訳でもしていそうな表情だ。それを感じたお母さんが、「こんなはずじゃなかったの?」とあてレコし、更に「自分で鍵までがっちり閉めて…。」と自分の思いを付け加えながら鍵を外して扉を開けてあげた。すると、赤ちゃんは表情も一変し、柵の中から出て来て自分で扉を閉め、テレビの前に進み、画面に映るキャラクターを指差しながら、お母さんのご機嫌を取ろうとしていた。

この動画を眺めながら、印象に残ったことは、赤ちゃんの独り言(喃語)に上手にあてレコしてあげたお母さんの言葉だ。お母さんは、赤ちゃんの立場になって、こんなことを言いたかったのだろうと想像しながら、咄嗟《とっさ》に言葉にしている。日ごろの両者の関わりの賜物だ。発話が不明瞭な赤ちゃんも、こうした相手の言葉を耳にしながら、次第に場に応じた発言や気持ちの表現を身に付けていくのであろう。

このような場面を見ながら、聾学校での子ども達への関わりを思い出した。言葉を増やしたり、場に応じた言葉を身に付けさせたりするため、絵に吹き出しを付けて言葉を書き入れさせたり、四コマ漫画のストーリーを書かせたりしたことである。昔は、図や絵が主流だった。その後、ＶＴＲも普及したが、ビデオカメラはまだ大型だった。今ではそれも小型になり、画質もよくなった。さらに、携帯電話での動画撮影も容易になり、それを手軽に知人に送付できるようになった。先の動画で、お母さんが子どもの曖昧な言葉を即座に平易な表現に変える作業は、まさしくあてレコである。「こんなことを言いたいのだろう」と想像すること。そしてこれを繰り返すことは、子どもへの言葉の指導に限らず、様々な指導に役立つのではないか。これからは、動画を見ながら表現するあてレコも活用したいものである。

（令和３年９月号）

# 言葉のいわれ

今、特総研では、第二期の特別支援教育専門研修が行われている。今期は知的障害教育コースである。新型コロナウイルス感染症の拡大等の影響で、第一期と同様にオンラインによる2か月間の研修である。

また、10月1日は特総研の誕生日でもある。昭和46年に産声を上げてから、今年で50歳になる。このご時世であるから、密にならない数のお客様を招き、講堂でささやかな節目の式典を開催した。（残念ながら当日は台風の影響で、身内だけでのオンラインでの式典になった。）

専門研修の講義を聞いたり、研究所の50年を振り返ったりすることを通して、ふと、頭に思い浮かんだことがある。それについて述べてみたい。

知的障害教育においては、「指導の形態」という言葉が用いられる。専門研修の講義でも、特別支援学校（知的障害）の教育課程の構造として説明されていた。まず、知的障害の各教科と特別の教科道徳、そして自立活動などが教育課程の要素として並べられた図が出てくる。そして、その下に、指導の形態として、「教科別の指導」と特別の教科道徳や自立活動、「各教科等を合わせた指導」（例えば、日常生活の指導）などを並べた図が示される。

この図を初めて見たのは、平成元年の学習指導要領改訂のときである。私の隣の席に座っていた大南英明先生が知的障害教育の手引を取り出して、教育課程の説明をしてくれた。そのころは、教育課程の二重構造などという言葉も耳にした。当時は、指導の形態という言葉の意味を理解するのが精一杯で、その言葉のいわれまでを考える余裕などなかった。それから30数年経って、今更ながらとも思うが、「指導の形態のいわれは何か」を考えている。

特殊教育は特別支援教育に移行し、特別支援学校と小学校等の垣根は低くなった。子どもの行き来も見受けられるようになっている。こうした時期であるからこそ、特別支援学校における教育課程の編成について、小学校等の先生方にも知ってほしいと思う。特に、小学校には特別支援学級がある。数が多いのは、知的障害や自閉症・情緒障害の特別支援学級である。それゆえに特別支援学校のノウハウを実際に活用してもらう必要がある。

こうしたときに、特別支援学校特有の専門用語をどのように噛み砕いて説明できるか、言葉の意味だけでなく、そのいわれについても伝えることができたら、その言葉に親しみを抱いてもらえるとともに、子どもの指導に意欲をもって取り組んでいただけるのではないかと想像する。

例えば、「自立活動」。これは、もともと「養護・訓練」であった。養護・訓練のいわれについては、特別支援学校の前身である盲・聾・養護学校の学習指導要領解説に述べられているので省略する。それでは、自立活動はどうか。こちらは、平成10年の学習指導要領の改訂時に遡る。当時の教育課程審議会で、委員から「今どき、『養護』や『訓練』という言葉は、時代に合わないのでは？」という問題提起があり、「なるほど」ということになった。代わる言葉を考え、「自立活動」になった。この言葉の意味については、当時の学習指導要領解説自立活動編に詳しく述べられている。

「指導の形態」のいわれには、「教育課程」と区別し、「指導計画作成の際の一工夫」であるというような思いがあったのではないかと推測するが、如何か。専門用語の概念整理も、特総研の仕事の一つであるような気がする。

（令和3年10月号）

# もう一度、考えてみたいこと

第二期特別支援教育専門研修も残り10日余りとなり、研修員はレポートをまとめるのに忙しいころかもしれない。

私も、時折、専門研修の講義を聞かせていただいた。それを通して、学習指導要領等の改訂に関して、もう一度、考えてみたいと思うことが頭に浮かんできた。それは、知的障害教育における自立活動のこと。

平成11年3月告示の学習指導要領等において、養護・訓練が自立活動に改称された。それを機に、知的障害教育における自立活動の考え方が整理された。平成12年3月刊行の解説「自立活動編」では、知的障害の子どもには「言語、運動、情緒・行動などの面で、顕著な発達の遅れや特に配慮を必要とする様々な状態が知的障害に随伴してみられる。」とし、「知的発達の遅れに応じた各教科の指導等のほかに、…随伴してみられる顕著な発達の遅れや特に配慮を必要とする様々な状態についての特別な指導が必要であり、これを自立活動で指導することとなる。」と説明している。

この考え方は、平成21年3月告示の学習指導要領等にも引き継がれた。しかし、学校教育法第72条の一部改正により、自立活動の目標の文言は「種々の困難」から「学習上又は生活上の困難」に改められた。当時は、あまり話題に上らなかったが、この「学習上の困難」は何を意味し、それに対しては知的障害の教科で対応するのか、自立活動で対応するのかが、前記の「整理」との関連でずっと気になっていた。

平成21年6月刊行の解説「自立活動編」では、自立活動に関して、障害毎の取組例を細かく説明している。その中では、知的障害教育における自立活動の指導内容をどのように設定するかなども解説されている。「養護・訓練(自立活動)は、合わせた指導の中でやっています。」という従前からの声を再考する形で説明がなされた。知的障害に随伴してみられる顕著な発達の遅れや特に配慮が必要な状態の例として、自己理解に関すること、手指の巧緻性等に関すること、人への関心や人からの働きかけ、コミュニケーション手段等に関することなどが挙げられている。

こうしたことは、平成29年4月告示の現在の学習指導要領等にも引き継がれ、平成30年3月刊行の解説「自立活動編」において、より詳しく説明された。手指の巧緻性、認知面の課題、コミュニケーションにおける代替手段等が知的障害教育における自立活動の指導内容例として挙げられている。

以前から頭の片隅にずっとあること。つまり、平成10年時の改訂において整理された知的障害教育における自立活動は、今、学校現場でどのように受け入れられているのかが「もう一度、考えてみたいこと」の一つである。

実は、通勤途上で、施設に通所する知的障害の方に出会う。大きな声でバスの運転手さんに挨拶をする人。一方では、定期券を見せて頭をこくりと頷き、黙って降りていく青年。こうした方達は、学校にいるときに声の大きさや挨拶をすること、自己理解等について学習していれば、もっと生きやすくなるのではないかと思う。

教科でやるか、自立活動でやるか。あれから20年ほど経過したが、まだ結論が出ていないことなのかもしれない。次期改訂までの宿題だ。

是非、学校現場で、知的障害教育の自立活動を考えてほしいと思う。

（令和3年11月号）

## 現場が、聾教育をつくる

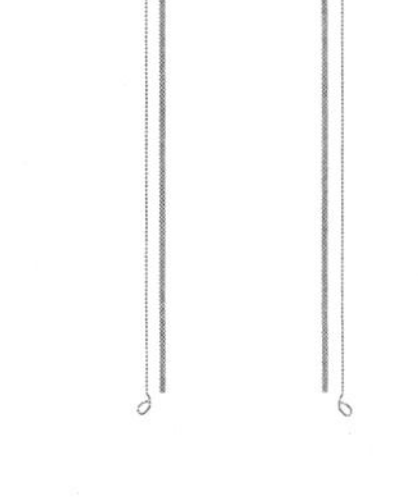


オンラインで2か月間実施した第二期特別支援教育期専門研修の最終日には、「研究協議発表会」が開かれた。これもリモートでの開催である。69名の研修員が12の班に分かれ、4つのブレイクアウトルームで3班ずつ発表し、各自が希望する部屋に入室して協議をするという形態だ。コロナ禍の中でも、研修員達の仲間意識が醸成されたことがうかがえる。これは、画面を通して見受けられる表情やマイク越しの声から推測されることだ。

師走を迎える今ごろは、一人一人の研修員がそれぞれの学校現場で、専門研修で得たことを実践に移していることだろう。

こんなことを考えていたら、標記の言葉が頭に浮かんだ。

昔、私自身が聾学校で子どもの指導に当たっていたころに、先輩から言われた言葉である。前述した研修員の熱気や真剣さが、私の古い記憶を呼び起こしたのだと思う。私が聾学校に勤めたのは、昭和51年である。特総研が開設されたのは、昭和46年である。今年で

50周年を迎えた。読者には、機会があれば、特総研のホームページで「50年誌」に目を通してほしいと思う。

私は、本研究所ができて、５年ほど経ったころに学校現場に入った。当時は、聾教育の研究者も少なかった。そんなことから、「聾学校が聾教育をつくっているんだ。」という意識が、聾学校の教員には強かったのだろう。

大学を出て、すぐ聾学校に勤めることになった。その学校の小学部で教育実習をしていたので、子どもの様子や先生方の雰囲気が分かっていた。それゆえ、声がかかったときに勤めようと思ったのだろう。勿論、実習をしていたクラスとは、異なる学級の担任だ。勤めるようになってしばらくして、実習のときは、あれこれ教えてくれた先生から、「実習のときのようには教えないぞ。自分から求めろ。そして盗め。」と言われた。「どうしてですか？」と恐る恐る尋ねたら、「お前もプロだから。」との一言。「給料をもらうのだから、早く一人前になれ！」という教えだった。厳しい言葉だったが、あとで、その先生の優しさだと理解できた。

聾学校には「全日本聾教育研究会」という研究団体がある。毎年、秋に研究大会を実施している。新任のころ、ある先輩から「全日聾研で10回続けて発表しろ。」と言われた。当時の私は、「何でも言われたらやってやろう！」という気持ちだった。聾教育のプロになりたい。身近な先輩に、とことん付いていきたいという思いだった。結局、目標は達成できなかったが、ノルマを提示してくれた先生は、聾学校に来るたびに、ふらりと教室に入って来て、子ども達に冗談を言ったり、質問をしたりして、教室を出て行った。子ども達が成長しているかどうか、私の授業がどうかなどを、子どもの反応や板書を眺めながら判断していたのだろう。

今日では、大学等における聾教育（聴覚障害教育）の研究者は増えた。その一方で、聾学校の教員の心意気はどうだろう。昔のような覇気は保たれているだろうか。研究者をリードすることはなくても「共に聾教育をつくる」という気持ちは維持してほしい。日々の実践が、聾教育を進めることには変わりがないのだから。

そして、例えば「聾教育」を「知的障害教育」に置き換えるなどして、「現場が、〇〇教育をつくる」という思いをもってほしい。

（令和３年12月号）

# 目的と手段の混同を避けよう

先日、知り合いから、ある動画がスマホに届いた。１歳８か月の男の子が滑り台を滑り降りる場面を撮ったものだ。

公園にある滑り台である。台の上は大人の背丈よりも高い。男の子は滑り始めようとしたが、怖い。お母さんに促されて降り始めた。両足を伸ばし、滑り台の側面の壁に靴を押し当てながらブレーキをかけて。再度、励まされて、手すりを固く握っていた手を緩め始めた。すると、滑り台の途中から勢いよく滑り始めた。靴のブレーキも利かなくなった。下に着くと、強張っていた顔が笑顔に変わった。お母さんが、「すごいね。よく滑れたね。」と褒めてあげた。すると、男の子も照れながら、両腕を伸ばした。お母さんに抱っこしてほしいとの意思表示だ。

こんな光景を眺めながら、褒めることは、言葉だけではないことにも気付いた。子どもの欲している形で称賛することが大切だと思った。そして、それを求めているときに、

対応してあげることが必要だ。

前にも、褒めることだけでよいのかと書いたことがある。もっと敷衍《ふえん》して考えれば、褒め方にもいろいろあるということだ。そして、二人の関係性の中で、よりふさわしい褒め方や認め方があるのだろうと思う。

こんなことを考えていて、平成元年時の学習指導要領等の改訂で、養護・訓練の「指導計画の作成と内容の取扱い」の中で、特に配慮すべき事項として、「個々の児童又は生徒の発達の進んでいる側面をさらに促進させることによって、遅れている側面を補うことができるような指導事項を取り上げること。」を新たに加えたことを思い出した。

遅れているところを改善したくて、それに特化した指導事項を取り上げがちであったので、養護・訓練の指導の新たな視点として、子どもの主体性や意欲を促進するためには、できたことやいいところを褒めようという考え方が背景にあった。時代の流れの中でこうした傾向は強まり、子どもの言動を褒めることが優先されるようになった。このことは、間違いだとは思わないが、ときとして、目的と手段の混同につながることもある。

教育においては、このことがしばしば見受けられる。例えば、研究授業後の指導助言などにおいて。褒めることで、授業者の意欲が増す場合が多いかもしれないが、褒められたことで満足してしまうこともある。また、褒め過ぎてもいけない。自然がいい。つまり、先生の授業力や授業の質を高めることで、ひいては子どもの力や感性を充実することにつながる。それが指導助言の目的である。褒めることは、そのための手段の一つである。決して、褒めることが目的になってはいけないと思う。

褒めることと課題を指摘すること（叱ること）のバランスが大切だと思う。そして、「昔は苦言を呈して先生を育てた。だから、今もそうすべきだ。」とは思わない。今を生きる先生方の意欲を高める方法は、昔とは異なって当然である。褒め方にも子どもの要求に即する必要があるし、褒めるだけでなく相手に応じて辛口の助言も必要な場合もある。目的は子どものもっている可能性を伸ばすこと。そして社会に出て自己実現を図ること。教育における目的と手段の勘違いは、子どもに大きな影響を及ぼしかねないことを肝に銘じたい。

（令和４年１月号）

# どんな子どもに育てたいか

新年に入り、また、第三期特別支援教育専門研修が始まった。最初に講話をする時間が設けられており、自分の聾学校等での経験を元に「教えるということ」という題で話をしてきた。時節柄、オンラインである。その中で伝えたいことの一つは、標記に示した事柄である。学校の先生方には、担任した子どもの実態を把握して、どんな子どもに育てたいかを考えてほしいと思っている。

人にお願いするのであるから、自分が問われたときのために、私が育てたいと思っていた子ども像についても話すことにしている。私は、聾学校に勤務していたので、「読める子どもにしたい」と思っていたことを伝える。

聞こえにくい子どもにとっては、聞くことに困難がある。それによって、結果として話すことにも困難が生じる。聞いたり話したりすることが難しいということは、人とのコミュニケーションに齟齬《そご》が生じやすいということになる。そして、学習面での困難も生起

し、社会常識等の獲得も難しい場合がある。こうした子ども達の最も確実な情報獲得の方法は、文字を読むことである。だから、読むことができる子どもにしたいと思っていた。

読むことは、文字や文、文章を読むことが先ずは頭に浮かぶが、それだけに留まらない。腹を読むや顔色を読む、囲碁などでの先を読むもある。心を読むや空気を読むなどもある。聞こえにくい子どもには、文を、声を出して読むことから始まり、書いてあることの意味内容を理解すること、そして気持ちを察すること、さらに先を読むことまで、生活の中で身に付けさせたいと思った。

なぜ、こんなことを書き始めたかというと、子どもに要求するということは、先ず自分が率先してやってみることが大切だと思うからである。「隗《かい》より始めよ」という成句もある。聾学校の子どもに対しては、やって見せることが一番分かりやすい方法だと思ったこともある。

文章を読むこと（意味や内容を理解すること）の習得は、聞こえにくい子どもにとって、容易なことではない。でも、子どもの実態に即して、教材を探すことはおもしろかった。身近なところから題材を見つけ、それを基に子どもと格闘することが、私の養護・訓練の授業になった。そして、気持ちを察したり、場面や背景を考えたり、「もし、こんなことがあったら、周りの人はどう思うか」などを考えさせたりすることにつながった。「読める子ども」の追求は、「読み」を通して、こんなところへと発展していった。

そして、今思う。「もし、こんなことになったら、周囲の人はどう思うか？」、「周囲の人に迷惑をかけないか？」と考えることは、子どもだけの課題ではなく、大人にとっても大切な課題だと思う。

コミュニケーションは、人とやり取りするだけのものではない。人と人との関わりをつくるものである。日常的なコミュニケーションが乏しくなるということは、人と人との良好な関わりをつくる機会が減少することである。結果として、他人がどう思うかを考える機会が少なくなることかもしれない。独り善がりとか、自分勝手という言葉もあるが、自分の行動がどのように周りの人達に影響を与えるのかを考えたいものである。読むことの追求は、子どもを通して、こんなことを私に教えてくれたような気がする。

（令和4年2月号）

## 線路はつづくよ　どこまでも

令和3年度の研究所セミナーが終わり、のんびりメールマガジン3月号のNISEダイアリーの話題を考えていたときに、標記の言葉が頭に浮かんだ。これからの特総研の行末と重なっていたのかもしれない。子どもが口ずさむ楽曲であるが、そのルーツはどうか、具体的に調べてみることにした。すると、昭和37年に放送された「みんなのうた」で用いられていたことが分かった。

しかし、歌の背景は、それだけに留まらなかった。原曲は、「I've been Working on the Railroad」であり、19世紀半ばのアメリカにおける南北戦争当時、大陸横断鉄道の建設労働者によって歌われた曲であった。日本語の歌詞とは異なり、アメリカ西部にある山脈の厳しい地形や気候の中で、鉄道の敷設に当たる人達が、その過酷な労働を歌った曲であったようだ。

ともかく、日本語の歌詞の方は、鉄道に乗って、見知らぬところへ旅をする子どもが、

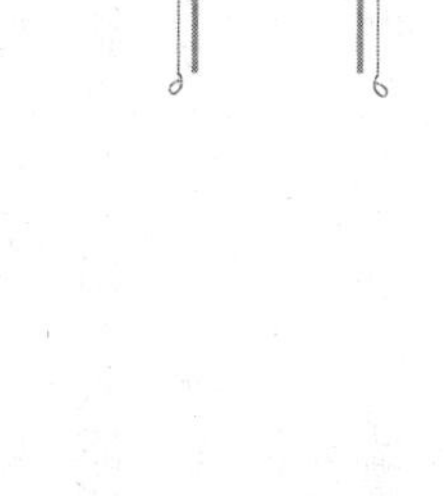

口ずさみたくなるような楽しい内容である。

さて、話を元に戻すが、私が思い浮かべたのは、特総研のこれからである。線路がどこまでも続くように、本研究所も先々まで続いていってほしいという思いが、この歌を思い浮かべさせたのだろう。

それでは、我が特総研には、どんな未来が待っているのだろうか。

「線路はつづくよ　どこまでも…」と歌われているが、線路は果たしてどこまでも続くのだろうか。特総研の立ち位置（独立行政法人）を思い描きながら、その務めを想像した。すると、それは、線路の中ほどで客車に乗って、楽しく旅をする立場とは異なると思った。つまり、線路の先頭の方で、新しい線路を敷設する役割なのかもしれないと考えた。勿論、単独でそれを行うものではない。所管している文部科学省等の行政機関や関係団体などの協力を得ながら務めることではあるが、線路を敷設する仕事であることに変わりはない。それは、この歌の原曲のように、厳しい仕事であると思う。研究活動や研修事業、情報収集・発信等を行うということは、特別支援教育における新たな線路を敷設することと考えたい。日本語の歌詞のように、「ランラ、ランラ、ランラ…」という気分では、行えないことかもしれないと思う。

特別支援教育という線路の敷設は、誰かがやらなければならない仕事である。そして、それが、特総研の仕事であると考えれば、特総研にも重大な役割や存在意義があるということになる。さらに、その役割を務めるためには、職員一人一人の心構えと意欲が求められる。自分のことを第一に考える人ばかりでは、到底、この役割は果たせないと思う。自分のことをさておいても、他人のことを優先できる資質が望まれる。それは、使命感でもあり、教育愛でもある。

また、特別支援教育の対象となる人達は、なかなか自分の希望を明確に主張できないことも考えられる。もしそうであれば、周囲の人々が想像するしかない。障害のある子ども達に関わる者に、想像力が求められる所以である。このことは、日常の仕事を進めていく上でも欠かせないことである。つまり、身近な人達が何を考えているか、何に悩んでいるかは、話をすること以外では、想像して把握するしかないと思うからである。

特総研は、特別支援教育という線路を敷設する仕事を担っているということを肝に銘じて、本研究所の職員には、日々、努力してほしいと期待する。

（令和４年３月号）

# おわりに

令和4年9月末日をもって、独立行政法人国立特別支援教育総合研究所理事長を退職することになりました。私は、11月生まれですので、いつの間にか、もうすぐ、齢69を数えるまでになっていました。

昭和51年4月の聾学校勤務により始まった特殊教育（当時）や特別支援教育との関わりも、無事、「卒業」を迎えることになった訳です。

このNISEダイアリーは、聾学校での教え子や同僚の先生方、文部省（当時）等でご指導いただいた調査官や上司の方々、校長等の学校関係者、そして、特総研や久里浜特別支援学校でお世話になった方々との関わりの中で、私なりに気付いたことを綴ったものです。

特に、学校や行政の中で、直接経験したことが考えるためのきっかけになっています。何事も鵜のみにしないで、自分の頭で考えること、分からないことは隣人に訊ねながら考えること、そして、先人が残した足跡を今に生かすために考えることなどの大切さを、身をもって知ることができたのが、私の財産になりました。

これからの不透明で、変化の激しい時代、目の前に立ちはだかる難題の答えは、すぐには見つからないかもしれません。でも、身近な出来事などを基に、考え続け、気付いたことを地道に実践することで、答えに近づくことができると、私は自分の経験から思います。突発的で予想もしないことが生じる世の中です。でも、一人では何も思いつかないかもしれませんが、「三人寄れば文殊の知恵」という成句もあります。

障害のある子どもの思いを想像しながら、関係者が協力し合って、一人一人の子どもの未来を創造していってください。「子どもから学び、子どもに返す」、このことが、これまでの聾教育等との関わりで私が学んだ考え方です。この言葉をこれから特別支援教育に携わろうとする方々に贈りたいと思います。

この本をまとめるに当たり、ご協力いただいたジアース教育新社の加藤勝博氏を始め、社員の皆様に心から感謝を申し上げます。

令和5年5月　　宍戸　和成

## 著者履歴

宍戸《ししど》 和成《かずしげ》

昭和28年、福島県生まれ。

昭和51年3月に、東京教育大学教育学部特殊教育学科を卒業後、同年4月からは同大学附属聾学校に勤務し、小学部で子どもの指導に当たる。

平成元年度からは、文部省初等中等教育局特殊教育課教科調査官を務め、学習指導要領等の改訂作業などに携わる。

平成12年度からは、国立特殊教育総合研究所に勤務し、聴覚・言語障害教育研究部長として、聾学校や難聴特殊学級等の教育の充実に尽力する。その後、平成16年度からは、文部科学省初等中等教育局視学官を務め、教育課程の基準の改善等に関わる教育行政に尽力する。

平成22年度からは、筑波大学に異動し、附属久里浜特別支援学校の校長を務める。

そして、平成25年度から独立行政法人国立特別支援教育総合研究所理事長を9年半務め、令和4年9月末日をもって退職する。その間、研究所の第三期中期目標期間から第四期中期目標期間、さらに第五期中期目標期間への移行及び創立50周年の記念行事の実施等に尽力する。

著作は、○『聴覚障害教育の基本と実践』共著、慶應義塾大学出版（令和5年2月)。○『平成29年度改訂小学校教育課程実践講座総則』共著、ぎょうせい（平成29年10月)。○『連続性の意味』季刊特別支援教育66号（平成29年8月)。○『特別支援教育における「指導と評価」のこれから』指導と評価749号（平成29年5月)。

# 子どもから学び　子どもに返す
# ～NISEダイアリー～

2023年8月4日　初版第1刷発行

■著　者　宍戸 和成

■発行者　加藤　勝博

■発行所　株式会社ジアース教育新社

〒101-0054　東京都千代田区神田錦町1-23　宗保第2ビル5F
TEL 03-5282-7183　FAX 03-5282-7892
E-mail：info@kyoikushinsha.co.jp
URL：https://www.kyoikushinsha.co.jp/

■表紙・カット・DTP　土屋図形株式会社
■印刷・製本　シナノ印刷株式会社
○定価は表紙に表示してあります。

Printed in Japan
ISBN978-4-86371-662-9

春ショール開幕を待つ膝の上

開幕の楽ながれ初む春の宵

風一陣花びらの渦生まれけり

散る桜残る桜も風のまま

夫逝きて酷暑の朝を迎へけり

カーテンの影やわらかし今朝の秋

水引草膝でかき分け遍路道

廃屋の暗い裏庭柚子は黄に

昨夜よりの雨のしとどに梅開く

平成十八年

雨戸繰り今朝初蟬を聞きとめし

人住まぬ家の薔薇咲き薔薇の散る

厨窓よりまっすぐに青田風

平成十九年

法要の人みな去にし夏座布団

日の暖みもろとも布団たたみけり

初詣ひとりで行きて戻り来ぬ

日翳りて艶の戻りし四葩なり

初蟬や小雨の過ぎし境内に

外出のマフラー夫の遺せしもの

平成二十年

忍び寄る雨の気配や初つばめ

やわらかな雨の匂いやミモザ咲く

俳聖殿格子の内の涼気かな

捥ぎたてのトマトの匂ひ陽の匂ひ

そぞろ寒ひとりの部屋に入りしより

人群れて人みな無口紅葉寺

平成二十一年

梔子の実の華やげり禅の寺

薔薇切って決心せねばならぬこと

水打つや息子夫婦の来るという

平成二十二年

書き初めの墨たっぷりと用意せり

引き出しに夫の好みし冬帽子

熱燗やひとりの暮らし楽しがる

菜園の終の水菜の土払う

曲がりてもなお曲がりても梅の道

ひとりなり花咲くときも散るときも

大雨の止みて一気に深む秋

三日目の鰤大根を箸で割る

平成二十三年

すれ違ふマスクの人の目が笑ふ

鯉幟影穏やかな日和なり

連休は暇なり茄子の苗植える

夏蝶や猫ゆっくりと立ち上がる

うすうすと指輪の痕や汗の指

百円玉握り少年金魚の前

久々に灯る部屋ありお正月

平成二十四年

冷蔵庫日に日に空いて小正月

啓蟄や亀の甲羅の幾何模様

春宵や同じところで止むピアノ

大空に尻尾蹴り上げ鯉幟

道なりに行けば神社や楠若葉

子の挑む金魚すくいに家族の目

風鈴の鳴るほどもなき軒の風

小鳥来る一人住まいの庭の木に

掃きよせる今日の落葉も昨日のも

# 第二章　思いつくままに……

# 南の島をたずねて

屋久島、種子島を旅してきた。屋久島は周囲百キロメートルほどの丸い島である。片側が険しい山、反対側が明るい海で、どちらを向いても気持ちがほっとする風景が続く。島の南は農業、北は漁業をする家が多いという。

二、三日前、山に雪が降り、道が凍結したために紀元杉の所まで行けなくなった。残念だったが、千七百年杉の側に立ち、見上げてきた。ぼっとりと湿った苔が緑の絨毯のように敷かれ、太古から続く永遠の時間に浸ることが出来た。道のあちこちに残雪があった。山を下りて村に入ると、モクレンが明日にも咲きそうな様子。ツツジ、レンゲ、ノボタン、ハイビスカス、ブーゲンビリヤ等が庭や畑に咲き、すっかり春一色の風景が続く。一時間ほどの間に、冬から春に移る不思議な体験をしてきた。

村のお墓は、どこも花でいっぱい。一日に二、三回はお墓に参り、花を替えるという。都会では考えられない話をガイドが流暢に話す。先祖を大切にする風習を聞き、気持ちがほっとした。

翌日は種子島へ。高速船で四十五分、柿の種のような長い島だ。広々とした水田はもう田植えの準備に入っていた。米、サツマイモ、サトウキビが三大名産という。屋久島と違って、山がないだけに、とても明るく開放感がある。島人ものんびりしているとか。島の北にある鉄砲館、南にある宇宙センターが印象に残っている。

屋久島、種子島で一泊ずつしてきたが、ホテルの窓から眺めた夜の海は忘れられない。漁火も対岸の灯も何も見えない真闇《まやみ》の海であった。

（平成十二年　四月）

## 元気になりたくて

主人が不治の病にかかり二年になる。本人が一番つらいのだが、家族も時には息苦しく感じるほどつらい日が続く。先に希望を持てないほどつらいものはない。

動きにくくなった主人だが、去年の春過ぎまでは車の運転が出来た。しかし、それもだんだんと出来なくなり、車はガレージに止まったままになった。

どうして若い時に免許を取っておかなかったのかと悔やまれた。「運転が出来たらいいのになあ」という気持ちが高じて、「免許を取りたいなあ」に変わっていった。免許を取りに行こうか。この年で取れるはずがない。揺れ動く気持ちの中で決心がつかず、毎日が苦しくてつらかった。

その上、主人と一日中向き合って暮らすしんどさも増してきた。このしんどさを何とかしたい。どうにかして打ち破りたい。そして、一時でもいいから元気になりたいと心から思った。元気になるためには、不可能に近いことに挑戦してみようかと思った。

「やっぱり車の免許だ」

自動車学校に行けば外へ出られる。きっと一生懸命になるから、嫌な気分は忘れるだろう。気分も変わるし、エネルギーも出てくるだろう。

九月十六日、入会金を払いに入所式に出席した。夜、家族に話すと主人も娘もびっくりして、一瞬言葉がなかった。娘は、

「本当に行くんやね」

と心配そうに言った。主人はつらそうな顔をしていた。でも私は、「これでいいの

だ」と信じることにした。

「もう、やるしかない。前へ進むだけ」と自分に言い聞かせ、バイクで十分足らずの教習所へ通った。

主人に弁当を作り、自分も持っていく日もあった。主人の事を気にしながら、時間が余っている時は家に帰り、主人を見て安心しまた出かける。そんな日が続いた。行ったり来たりで夜になるとくたくたになっていた。でも、夕食時には、いつもその日に教習所であったことの話をした。毎回、指導員が代わり、指導員によって緊張したり、リラックス出来たりすること、ハンドルを持つと気持ちがぐっと座ってくることと等を聞いてもらった。

十月の末に仮免許が取れた時は、うれしいのとほっとしたのとで風邪をひいてしまい、五日間車に乗れなかった。今度行くときは路上である。そう思うと、また怖くてしんどくなってくる。でも、前へしか進めないと思いなおして頑張ることにした。

路上教習は街へ出るたび怖かったが、新鮮で刺激的でもあった。家へ帰っても、心身共に疲れているはずなのに、心はとても充実感に満ちて幸せな気分だった。

「お母さんは、毎日とても機嫌がよく元気だし優しかった」

と娘が言ったのを覚えている。自分のやりたいと思う事を我慢せずに行動に移したことで、ストレスが無くなり、主人や娘に優しく接することが出来たのだと思う。これが何よりよかった。

十二月六日、卒業試験に合格、十一日に光明池で免許証が交付された。本当に今思えば、よく取れたなあと思う。「火事場の馬鹿力」という諺があるが、それに近いものを感じたのである。

免許を取ってからの事は全然考えに入ってなかったので、免許を手にして、はたと困ってしまった。これからの生活に役立てることが出来るのか？　全く分からないし自信も無い。でも、せっかく取ったのだから、安全な場所で少しずつ練習しようと思う。そして、車に慣れ自信がついて来たら、少し範囲を広げてみたい。ハンドルを握ったら出てくるあの不思議な力を、これからの生活に無理なくとり入れて、元気に生きていきたいと願っている。

（平成十三年　三月）

# 日々のこと

十月三十一日は、秋晴れの素晴らしい好天であった。市のリフトタクシーのお迎えを受け保健所主催の秋の遠足に参加した。目的地は関空のゲートタワーである。私達のタクシーはひと足早く着いたが、後で観光バスも到着した。総勢四十人ぐらいだっただろうか。

一見では病気だと分からない人もいれば、車椅子の人も七、八人はいた。福祉施設を見学した後、眺望のよい大きな窓から飛行機の離着陸の様子を堪能した。海は穏やかで白い小さな船があちこちに浮かんでいた。

会議室で自己紹介の後、ゲームをして楽しみお弁当を食べた。昼からは海の見える所までお散歩に行った。主人の係の保健師さんが車椅子を押して下さり、私は大助かりであった。また市のリフトタクシーで三時すぎに帰宅した。

主人がこの病気になって以来、病院の先生、看護師さん、保健師さん、介護マネージャー、ヘルパーさん等、大勢の人とかかわりを持つ生活になった。介護保険のことは知っていたが、こんなに早くお世話になろうとは思ってもみなかった。たくさんの人達に支えられて暮らしているんだなあと実感し、感謝の気持ちでいっぱいである。「どうして、このような病気になったんだろうか」と過去を振り返って暗い日々も過ごしたが、今は、現実にどっぷりつかり、主人の手となり足となって頑張っている。

主人とかかわりのある人達から受ける温かい言葉や励まし、家族の身になって考えてくださることが私や家族に大きな力を与えてくれていると思う。

車椅子での移動がしやすいように玄関の扉を右開きに替えたり、段差をなくす工事が近いうちに始まるので、何かと騒がしい落ち着かない日が続きそうである。

（平成十三年　十二月）

## 若ごぼう

一年中季節の野菜を買うことが出来る時代ではあるが、旬の時にしか店頭に出ない野菜もある。若ごぼうがそうだ。はっきりはしないが立春の前後についと現れ、新緑の頃になるとついとなくなる。この現れ方も消え方も私には、なんとなく気にかかるのである。

「春が来たなあ」「母がよく炊いていたなあ」という思いで、出始めた若ごぼうを見るとうれしくなる。もう一度食べたいのに「もう終わりました」と言われると一年先かと残念に思ってしまう。

私は市場の八百屋で買うことが多い。葉も茎も根も全部食べたいから、少し高くても新鮮でよい品物を選ぶ。葉と茎と根に分けてよく洗うが、根のひげを取ったり、皮をこそげたり、水につけてアクを除いたりと下準備に手間がかかるので、面倒くさいなあと思うが仕方がない。根と茎をゆでる。葉もさっと熱湯にくぐらせる。油で炒めるようにしてうす揚げと一緒に煮る。あまり煮すぎないように気をつけて、よく味を含ませておく。

いつ頃から若ごぼうの煮物を食べ始めたのか定かではないが、若い頃だったように思う。結婚後、八尾の実家の近くに住んでいて、保育所の送り迎えを母に頼んで私は会社に勤めていた。実家に寄って子どもを連れて帰る時、若ごぼうの煮物をもらった。母が煮た若ごぼうは、かしわ（鶏肉）も入っていて美味しかった。主人がかしわが嫌いだったので、家で煮る時はうす揚げになった。口に入れた時のあの香りと歯ごたえがたまらなく好きである。魚（焼き魚でも煮魚でもよい）があって、美味しい出来立ての味噌汁があれば大満足。私には大好きな献立の一つである。

（平成十七年　四月）

## 四国巡礼の旅　その一

四国巡礼の旅に誘って頂き、区切り打ちの第一回目が終わった。歩き遍路ということで、歩く力をつけようとせっせと歩いた。一日目は約十一キロ、二日目は十三キロを生憎の天気の中を歩いた。今回は一番から十番までを巡ったが、お寺や周りの様子を思い出そうとしても、みんな同じようで思い出せない。

寺から寺へ続く遍路道は、すっかり春の中であった。桜こそ咲いていなかったが、水仙、雪柳、椿、土筆等がとても賑やかで美しかった。人影も無いのどかな道をみんな黙ってただひたすら歩くのである。しんどくても止まれない。止まる人は誰もいないし、止まったら遅れそうになるから我慢して歩いた。でも、二日目のお寺近くでは、最後のほうで休み休み歩くはめになった。昔傷めた、右の足首の捻挫が完治してなかったことが災いとなり、長時間歩いたり疲れたりすると右の股関節が痛むのである。とてもつらかった。

歩き遍路だから大変なことは分かっていたし、当たり前だったのだが、今回、歩く以上に大変だったのは、お寺に着いてからの参拝の作法だった。

山門で一礼、手と口をすすぐ。本堂と大師堂ではそれぞれ蝋燭と線香をさんや袋から取り出して火をつけるのだが、それがなかなかうまく出来ないのである。蝋燭の火はすぐ消えそうになるのでひやひやした。やっと火を保ちつつ立てようとしても、手前の立てやすい所はすでに立てられていて奥の方へ手を入れなくてはならない。線香も三本取り出した筈なのに二本しかなかったり、折れてしまったりとか、不器用な自分が情けなかった。お札を納札箱に入れ、数珠を出す、お賽銭を入れる。やっと終わった頃にはお経が始まっているから唱えなくてはならない。

忙しくて仏様のお姿をしっかり見ている暇もなかったが、これが修行なのだと気が

ついた。疲れて帰ってきたのに、とても元気だったのが不思議である。家に帰るなり娘が、

「あっ、いい顔している」

と言った。お寺での作法が大変だった事を言うと、

「それって、ものすごくお母さんにはいいことや」

と言ってくれた。

次回にもいろんな事があるだろう。周りの景色が見え、作法もさっさと出来て、ゆったりした気分で参拝出来るのはいつのことだろうか。心配でもあり、楽しみでもある。


（平成十七年　五月）

## 四国巡礼の旅　その二

春から始まった四国巡礼の旅の五回目が終わった。今までの中では一番きつい巡礼

だった。今回も雨に遭い、十月四、五日の二日間は、雨の中を長時間歩いた。雨と汗で体が濡れていて気持ち悪い筈だが、あまり気にせず歩けたのは、あまりにも大変だったのでそれどころではなかったからだと思う。

急な山道で滑りやすい道を、声を掛け合って歩く。「粘土質で滑りやすいよ」「枝に注意して」とかの声を聞きながら歩いた。一歩一歩が大事。今の一歩と次の一歩を進める以外に何も考えないようにした。ふうふう言いながら登って行くと、少し平坦な道に出る。しばらく行くと、また険しい道が続く。人生の道そのものと呟きながら歩いた。

そんな中で道端の山野草に心が和んだ。今回は秋の草花をたくさん見ることが出来た。秋の丁子、野菊、白ホトトギス、白萩、秋の麒麟草、コスモス等々。若い女性が一人で雨の山道を急いで下りていった。また、怪我をしている息子と母親の二人が参拝しているのにも出会った。いろいろな思いや願いを胸に秘めて、人は巡礼をしているのだろう。

疲れて家に帰ったが、私は意外と元気である。大興寺の石段下の弘法大師お手植えの大楠に触れてきたためだろうか。仲間の皆さんから元気を頂き、自然の霊気を頂き、参拝することで安らかさを頂き、無事に巡拝した達成感が私を元気にしてくれたのだと思う。

来月はいよいよ最後、また大変な難所があるそうだ。来月に備えてそろそろ心の準備をしなくてはと思っている。


（平成十七年　十一月）

## 遍路旅が終わって

三月に始まった遍路の旅がすべて終わった。大窪寺で結願の証を頂き、手にした時はさすがに「終わった」という実感が湧いてきた。今回は、好天に恵まれ、秋の日差しを浴びながら紅葉の山々を眺める素晴らしい旅であった。また、自分自身を見つめ直せた旅でもあった。

女体山を登り下って大窪寺へ歩いた四時間は、歩き遍路のフィナーレにふさわしいものであった。白い大きな岩、すずやかな流れの音がする来栖渓谷に沿って歩いた木漏れ日の道はなんとも言えぬほどさわやかで美しかった。歩きながらいろいろなことを感じた。

急な坂道を登りきったところで、「心臓が破裂しそうや」と誰かが叫ぶ。私もそうやと心の中で叫ぶ。かわいい山野草が咲き乱れていると、みんなかわいいと言い、突然景色が広がり遠くに街や海が見えたりすると、皆が感嘆の声を上げた。年齢や性別の違いがあっても人間としてみんな同じなんだ。しんどいのもみんな一緒という当たり前のことが分かってほっとした。全く雑念のない無の世界をみんなで同時に実感しているという事がうれしかった。

私はうっかり人間で失敗が多い。今回も行く先々で杖をよく忘れそうになった。―杖をここへ置いた―と自分に一瞬言い聞かせると少しましなように思えた。その一瞬の意識がいつもぼんやりしているからダメなのだ。今という一瞬一瞬を大事にしなくてはと思った。

四国巡礼の旅は準備の段階から始まる。写経も大変だった。日が迫ってくると一日に二枚書いた。書いてるうちに段々と気分が高まってくる。そして、心が落ち着いてゆったりとした気分になるのだった。また、以前は白衣に輪袈裟、金剛杖という遍路姿を何となく異様な雰囲気だなあと思ったりもしたが、自分がその立場になって歩いてみて初めて奥の深い精神修養の姿であると感じた。何でも体験することが大事だとも。

歩き遍路に参加させて頂き、本当に感謝している。この旅で得た事を日々の暮らしに生かせるようにしたいと思う。

（平成十七年　十二月）

## 淡路島の七福神めぐり

一月の末、緑化協会主催の淡路島の七福神めぐりのバスツアーに参加した。七福神参りだから神社に行くのかと思っていたが、お寺参りだった。案内のパンフレットによると、大黒天「八浄寺」、弁財天「智禅寺」、福禄寿「長林寺」、布袋尊「護国寺」、恵美酒神「万福寺」、毘沙門天「覚住寺」、寿老人「宝生寺」、これらの七福神を祀る寺院が広く全島にまたがっており、まさに淡路島そのものが七福神乗合の宝船と見立てられているそうだ。古事記や日本書紀の神話によれば、日本の国を創ったとされる「イザナギ」「イザナミ」が最初に生んだ島が淡路島だそうだ。

どの寺でも本堂に仏様と神様が仲良く並んで祀られていた。また、どこの寺でも法話があり、住職が人の生き方などを面白おかしく話をされ、みんな大笑いをした。「笑う門には福来る」と言うからなあ。法話の後、賑やかに太鼓の打ち鳴らされる中、般若心経を唱えることが出来た。

淡路島の広々とした玉葱畑はあちこちに玉葱小屋が見られ、今は冬で淋しいが最盛期には賑やかだろうなと思われた。渦潮の見える大鳴門橋の近くで昼食を取り、帰りはきれいにライトアップされた明石大橋を通って帰阪した。

その後、十日ほどして二月三日の朝日新聞の夕刊に淡路島の記事が載った。「勝手に関西世界遺産」というコーナーで落語家の桂米朝氏が淡路島を関西の世界遺産として強く推している文章だった。淡路島へ行ってきたばかりだったので、興味を持って読んだ。

氏によれば淡路島は国生みの地と言われ、古事記に成り立ちが克明に記されている。イザナギとイザナミが天沼矛で海をかき回して最初に出来たのが淡路島である。島の中ほどには尹弉諾神宮《いざなぎじんぐう》が鎮座している。淡路島の形がまた面白い。どう考えても琵琶湖をひっくり返したような形だ。滋賀県にある多賀大社の祭神もイザナギ、イザナミだ。そして、淡路島の伊弉諾神宮の地名も多賀と言う。しかも、二つの神社を直線で結んだ中間点の吹田市には何と伊射奈岐神社《いざなぎじんじゃ》がある。つまり、吹田市を中心にして琵琶湖と淡路島が点対称になっているのだそうだ。何と面白い話だろうか。

琵琶湖と淡路島の形がよく似ているため、子どもの頃から淡路島は琵琶湖から抜け出してきたように感じていたが、そんな神話があったのかと感心してしまった。これらの事を知って、神話というものはロマンがあり、とても面白いものだなあとつくづく思ったのである。

（平成十八年　三月）

# あとがき

私が俳句を始めたのは、平成三年。今年でもう三十二年になります。当時は南百済小学校に勤務していて、そろそろ退職を考えていました。そんな私に、「紙と鉛筆と歳時記があればできる趣味よ」と俳句の道に誘ってくださったのが、小林千絵先生です。

簡単そうに思えて始めたものの、やはり俳句の世界は広くて深く、そしてとても大きいものでした。月に五句を目標に続けて年を重ねただけに、相当の数の俳句を残すことができました。句作を始めて二十一年目の時に思い切って句集としてまとめてみようと思い立ちました。子どももやまだ元気でいる妹、弟に読んでもらいたくなったからです。振り返ると、二十一年の間には退職や夫の発病、介護、そして子どもの結婚と大きな節目がいくつもあり、その事が俳句の端々に出ていました。また、いざ句集を出すとなると、ためらいもありました。無駄のない言葉で想像上の広がる想いや情景を表現するという大きな壁を少しでも超えて、もう少し上達してから句集を出した

## 著者プロフィール

**青井　喜美子**（あおい　きみこ）

昭和 12 年 3 月 18 日生まれ
昭和 32 年 3 月　奈良学芸大学（現・奈良教育大学）二年課程　卒業
昭和 32 年 4 月　大阪市立東中川小学校に勤務
平成 3 年春　放出句会に入会
平成 6 年 3 月　大阪市立南百済小学校を退職


## 草の花


2023年11月15日　初版第 1 刷発行

著　者　青井 喜美子
発行者　瓜谷 綱延
発行所　株式会社文芸社
〒160-0022　東京都新宿区新宿1－10－1
電話　03-5369-3060（代表）
03-5369-2299（販売）

印刷所　図書印刷株式会社





ISBN978-4-286-24620-8

かったのです。でも、それを待っていてはいつになるか分かりませんし、これから先、いつまで私が健康でいられるかもわかりません。

その気になった時、元気でいる時が潮時と考えて、決心しました。そこで、千絵先生に相談し、選句をお願いしました。入会していた放出句会の会報に思いつくままに書いた文を載せて頂いていたので、句集の後に入れました。千絵先生のご指導、そして放出句会での八代すみ子さんのご助言、また数多くの人たちに支えられてできた句集でした。

あれから早十一年。このたび、文芸社より再刊という形で世に出すことになりました。改めてお力を貸していただいた方々に、感謝申し上げます。ありがとうございました。

令和五年八月

青井喜美子